노래따라 단어암기 • 2개월 초단기 완성

첫말잇기

유치.초등 저학년 영단어

선행학습겸용

박 남 규 지음

저자 박 남 규

거창고등학교, 한양대학교 영어영문학과, 한양대학교 대학원(영어학전공) 졸업 후, 25여 년 동안 대학강사, 유명 대입전문학원 영어강사, 일간지 대입수능영어 칼럼리스트, 학원 경영자 등의 활동을 해왔고, 노래따라 첫말잇기 자동암기 평생기억 암기법을 창안하여, 그 방법을 토대로, 유아, 유치원, 초등, 중등, 고등, 수능용 첫말잇기 영단어시리즈와 첫말잇기 영단어와 성구암송 등 다수를 저술했고, 현재는 유빅토리 대표 및 조이보카(JOYVOCA) 외국어연구소 소장으로 출판과 저작활동에 전념하고 있다.

만든 사람들

저자 | 박남규

발행인 | 박남규

발행처 | 유빅토리

인쇄 | 홍진씨앤피(주)

발행 | 2016년 1월 20일

등록 | 제2014-000142호

주소 | 서울특별시 강남구 압구정로 224. 208호 (신사동)

전 화 02) 541-5101   팩스 02) 541-5103

홈페이지 | www.첫말잇기.com

이메일 | ark5005@hanmail.net

박 남 규 지음

● 세계를 호령하는 소수민족 유태인들의 자녀교육법 ●

하브루타식 자동암기 평생기억

고3 외국어영역 성적이 5~7등급에 지나지 않던, 영어공부와 담쌓았던, 저자의 둘째 아들이 9월말부터 입시 전까지 단 1개월 남짓의 집중 암기로 2014년 대학입시에서, 소위 SKY대학교(본교) 바이오 의공학부 (Bio-Medical Engineering Dept.)에, 수능성적 우수자 우선 선발전형으로 합격할 정도의 놀라운 학습법임이 입증되었다.

유태인의 하브루타 교육법이란?

하브루타는 원래 함께 토론하는 하는 짝, 즉 파트너를 일컫는 말이었는데, 짝을 지어 질문하고 토론하는 교육방법으로 확대 사용되고 있다. 따라서 토론하는 상대방을 말하기도 하고, 짝을 지어 토론하는 행위 자체를 의미하기도 하며, 오늘날은 주로 후자의 경우로 사용되고 있다.

하브루타 교육이란 짝을 지어 질문하고, 대화하며 토론과 논쟁을 통해, 끊임없는 사고작용을 유발시켜 뇌의 효율적 발달을 자극하는 교육법으로. 유대인 부모들은 자녀들의 뇌의 자극을 위해 어릴 때부터 끊임없이 왜?라는 질문을 던지게 하여, 호기심을 유발시켜 창의적인 사고를 유도한다.

이런 조기의 질의응답식 사고가 다양한 견해, 관점, 시각을 갖게 하여 궁극적으로 창의적인 인재로 성장케 한다. 하브루타는 본래 토론상대와 다른 생각과 다른 시각으로 자신의 견해를 논리적으로 전개하면서 열띤 논쟁을 유도하기 때문에 자연스럽게 창의적 인재양성에 최적의 방법이 되는 셈이다.

이같은 교육이 겨우 600만에 지나지 않는 소수 유대인들이 노벨수상자의 30%를 차지하는 등, 수많은 인재배출로 세계를 호령하게 하는 원동력이 되었다.

노래가사 구절하나하나가 자동암기 내비게이터

케이블 TV와 유명 도서업체들이 출간 즉시 전국 일간신문 인터넷 홈페이지에 수개월 동안 자체 광고로 소개한 기적의 자동암기 평생기억 암기법(Auto-Memorizing Never Forgotten)

수많은 영어학원과 각종 영어 학습도구들이 전국 어디에나 넘쳐날 정도로 전 국민이 영어공부에 몰입되어 있지만, 정작 한국인의 영어구사능력은 전 세계에서 가장 뒤쳐져 있다는 현실은 참으로 안타까운 일이 아닐 수 없다. 투자와 노력만큼 실력이 늘지 않는 것은, 한국인이라면, 모두가 겪고 있는 영어공부의 문제일 것이다. 오랫동안 교육 현장에서, 이런 고질적인 문제의 해법을 찾던 중, 영어공부와는 아예 담쌓고 지내던 저자의 둘째아이가 수능 시험일을 불과 40여일 앞두고 다급하게 도움 요청을 한 것을 계기로, 수년 전부터 생각해 왔던 첫말잇기 방법을 짧은 기간 동안 적용해본 결과, 놀라운 효과를 확인하고, 오랫동안 보다 체계적인 다양한 검증을 거친 후, 자동차 내비게이터가 길을 안내하듯이, 단어암기 내비게이터가 암기와 기억을 자동으로 안내하는 신개념 단어암기법 첫말잇기 자동암기 평생기억법(특허출원번호 10-2014-0023149)을 내놓게 되었다.

아무쪼록, 첫말잇기 영단어암기법이 영어 공부에 어려움을 겪고 있는 모든 분들에게 한줄기 희망의 빛이 되기를 소망하면서 본 교재를 소개한다.

첫말잇기 암기법의 자기주도 학습효과는 역시 놀라웠다.

영어실력이 극히 부진하고 영어에 흥미를 잃은 학생들을 주 대상으로 실험을 했고, 그들 모두가 단기간에 어마어마한 수의 단어를 쉽게 암기했다. 단어의 수가 아무리 많아도, 전혀 부담감을 느끼지 않았고, 암기 후 오랜 시간이 지나도, 암기했던 차례대로 척척 기억해 냈다. 기존에 겪었던 암기에 대한 어려움이나 싫증을 느끼지 않았고, 암기 후에 쉽게 잊어버리지도 않았다. 자발적으로 끊임없이 사고하고 추리하도록 학습에 대한 호기심과 동기를 유발시켜주는 자기주도 학습방법이라는 사실이 입증되었다. 암기내비게이터의 안내에 따라 복습을 되풀이하기도 쉽고, 치매나 기억상실증으로 인해 노래가사를 잊어버리지 않는 한, 그것에 대응된 영단어도 오래오래 기억할 할 수 있는 탁월한 효과가 있었다. 또, 한글을 읽을 수 있는 능력만 있으면, 남녀노소 누구든지 쉽게 암기 가능한 방법이라는 것도 확인되었다.

세계를 호령하는 소수민족 유태인들의 자녀교육방법인 하브루타식 영단어 학습법

암기내비게이터의 안내만 따라가면, 혼자서는 물론이고, 여럿이 함께 낱말게임을 즐기듯이 문답식으로도 자동 암기가 가능하다. 무조건적인 암기가 아니라, 단어암기 내비게이터가 일정한 원리에 따라 자연스럽게, 끊임없이 호기심을 유발시켜, 사고하고 추론하도록 유도한다. 또, 학습상대와 질의 · 응답과 토론을 통해, 학습하는 것을 즐기게 하여, 궁극적으로 창의적인 인재로 키워내는 유태인의 자녀교육 방법인 하브르타방법과 같은 암기방법이라 할 수 있다.

첫말잇기 자동암기(Auto-Memorizing) 평생기억(Never Forgotten) 암기법

암기내비게이터인 노래가사가 암기할 단어와 암기한 단어를 자동 안내하기 때문에, 노래가사만 알면, 암기가 자동으로 이루어지며, 암기한 단어는 영원히 기억 가능한 **신개념 학습교재**이다.

한 권 전체 또는 수천 개의 단어도 수록된 순서대로 통째 암기 가능한 암기법

암기내비게이터인 노래가사 순서대로 단어가 수록되어 있어서, 수록된 순서대로 암기가능하며, 한 권 전체, 또는 수천 개의 단어도 순서대로 통째 암기 가능한 학습방법이다. 전 국민이 즐겨 암송하는 애국가, 유명동요, 유명가요 등의 **노래가사의 글자하나하가 단어암기내비게이터** 역할을 하기 때문에 많은 영단어들이 가사 순서대로 자동으로 암기되고 기억된다.

영어공부와 담쌓았던 실패자도 모범적 자기주도 학습자로 치유케 하는 암기법

암기내비게이터의 안내만 따라가면, 굳이 머리 싸매고 공부할 필요 없이, 단시간의 암기로도 수만은 단어의 암기가 가능하기에, 최단기간에 최소의 노력으로 기존의 암기법 보다 몇 배 이상의 많은 단어를 암기할 수 있는 암기법이다. 하면 할수록 공부의 재미가 점점 더해지는 첫말잇기 암기법은, 부지런한 소수 악바리들만 성공 가능했던 어려운 영어공부를, 이제, 자신감을 잃고 포기한 게으른 학습 부진자들에게도 공부의 재미를 회복시켜 모범적인 자기주도 학습자로 거듭나게 하는 학습법이다.

영어왕초보 학부모님도 자녀들의 훌륭한 과외교사가 될 수 있는 학습법

암기내비게이터의 안내만 따라가면, 영어 왕초보 학부모님도, 자녀들을 과외교사나 학원에 맡길 필요 없이, 직접 자녀를 **개천의 용**으로 양육 가능한, 훌륭한 가정교사가 될 수 있고, 자녀들과 함께 짝을 이뤄 암기하면 부모님도 단기간에 영단어 암기의 달인이 될 수 있는 학습법이다.

선행학습 걱정 끝

암기내비게이터의 안내만 따라가면, 쉽게 암기되기 때문에, 고학년 난이도의 단어를 저학년 학생도 쉽게 암기 가능한 자연스럽고 **이상적인 선행학습 방법**이다.

게임처럼 즐길 수 있는 생활 친화적 단어암기 놀이 학습법

암기내비게이터의 안내만 따라가면, 혼자는 물론이고, 온가족이 함께 할 수도 있고, 부모와 자녀, 또는 친구나 주변의 누구와도 함께 암기할 수 있으며, 마치 유치원이나 초등학교에서 반 전체가 합창으로 구구단을 외우듯이, 즐겁고 신나게 공부할 수 있어서, 어렵고 힘들고 싫어도, 억지로 해야만 하는 영단어공부가 아니라, 노래하며 즐길 수 있는 생활 친화적 단어암기 놀이이다.

단어암기, 영어회화, 읽기, 쓰기 등을 동시에 해결 가능한 학습교재

암기내비게이터의 안내만 따라가면, 첫말잇기 방식으로 수록된 주요 영어 구문들과 회화표현들도 함께 공부할 수 있는, 단어장인 동시에 영어회화 교재이며, 영어 에세이 학습교재로도 활용될 수 있다.

교포2세의 모국어 학습교재

한국어를 구사할 수 없는 교포2세들의 한글공부는 물론이고 애국가, 우리나라 동요, 시조 등 모국의 문화를 자연스럽게 접할 수 있는 학습용교재로 활용하기에 아주 좋은 방식으로 구성되어 있다

기존 단어장보다 3배 이상 더 많은 단어 수록

기존 단어장 한 페이지에는 겨우 4~6개의 단어만 수록되어 있고, 나머지 80% 이상의 공간은 단어 이외의 예문이나 파생어 등으로 가득 채워져 있다. '예문이나 파생어를 활용하면 암기나 기억에 더 효율적일수도 있지 않을까'하는 막연한 기대감의 반영이겠지만, 이는 단순히 책 페이지만 늘일 뿐이며, 영단어 암기하기도 어려운데 예문까지 암기해야 하는 이중고만 겪게 하고, 그야말로 영어공부에 학을 떼게 하는 고문일 뿐만 아니라, 기대했던 효과를 얻기는 어렵다. 사실 학습자들은 이런 부수적인 내용들에는 십중팔구 눈길조차 주지 않는다. 그러나 첫말잇기 암기법은 이런 소모적인 문제를 걱정할 필요가 없으며, 같은 두께의 책에 다른 단어장들보다 3~4배 이상의 단어가 수록되어 있다.

영어공부에 대한 과거의 트라우마 때문에, 영어책을 다시 펼치기조차 두려운, 자신감이 극도로 위축된 기존의 많은 영어 패배자들에게도, 첫말잇기 영단어암기법이 잃었던 자신감과 흥미의 불씨를 되살리는 부싯돌이 되기를 바란다.

저자 박남규

어제 **왕초보** 오늘은 **암기달인** 학습법

첫말잇기 영단어는 이렇게 구성되어 있습니다!

01 단어암기내비게이터로 자동암기 평생기억! 첫말잇기 게임식 단어장

암기내비게이터인 **노래가사가** 암기할 단어뿐만 아니라 그 전후의 단어까지도 알려주는 **자동암기**(Auto-Memorizing) **평생기억**(Never Forgotten)법으로 구성되어 있다.

애국가, 인기 동요, 가요, 속담, 시조 등의 구절하나하나가 암기내비게이터 역학을 하도록 왼쪽에 세로로 나열하고, 그 오른쪽에는, 암기내비게이터 구절과 동일한 뜻의 영단어나 영어회화표현을 각각 대응시켜 노래가사 순서에 따라 첫말잇기 게임식으로 구성되어 있어서, 암기할 단어뿐만 아니라, 그 전후에 있는 이미 암기한 단어와 다음에 암기할 단어까지도 자동으로 예측할 수 있게 했다.

02 영단어와 영어회화를 동시에~

우리말 노래가사의 뜻 그대로가 첫말잇기식으로 영단어와 영어회화로 수록되어 있어서 노래를 부르면서 단어와 영어회화를 동시에 학습할 수 있게 했다.

03 교포2세들이 모국어 학습과 문화를 이해하는 데 효과적으로 구성

한국어에 서툰 교포2세들의 한글공부와 노래, 시, 속담 등을 통해 모국문화를 배울 수 있는 학습교재이다.

04 필수암기 속담 수록 초 중등과정 필수영어회화 수록

단어장의 곳곳에 초 중등과정의 많은 필수 속담과 주요 영어회화 표현들이 수록되어 있어 단어장은 물론이고 회화교재로도 함께 활용할 수 있다.

05 발음기호 몰라도 OK! 어린이도 혼자서 쉽게 발음 가능!

각 단어 아래에 발음기호뿐만 아니라, 우리말 발음도 가능한 한 영어발음에 가깝게 함께 표기했고, 단어의 액센트가 있는 부분은 붉은색(제 1강세)과 녹색(제2강세)으로 표기했다.

06 동영상 활용으로 보다 효율적인 암기

QR코드를 통해 홈페이지에 접속해서 다양한 서비스를 이용할 수 있다.

07 암기 동영상으로 푸짐한 선물 받기!

게임이나 율동 등으로 구성된 단어암기 동영상을 홈페이지에 올려 주시면 매달 우수 동영상에 선정된 분들께 소정의 선물을 제공함.

첫말잇기 단어장–유치 · 초등 저학년용

차례보기

첫말잇기 단어장-유치 · 초등 저학년용

차례보기

유치·초등 저학년

1 귀여운 꼬마 1절

귀여운 꼬마가
닭장에 가서
암탉을 잡으려다
놓쳤다네
닭장 밖에 있던
배고픈 여우
옳거니 하면서
물고 갔다네
꼬꼬댁 암탉
소리를 쳤네
꼬꼬댁 암탉
소리를 쳤네
귀여운 꼬마가
그 꼴을 보고
웃을까 울을까
망설였다네

1	**귀**여운	귀여운, 예쁜, 영리한	형	**cute** [kju:t] 큐우-트
2	**꼬**마가	꼬마, 아이, 젊은이	명	**kid** [kid] 키드
3	**닭**장에	닭장	명	**henhouse** [hen-haus] 헨하우스
4	**가**서	가다, 향하다, 나아가다	동	**go** [gou] 고우
5	**암**탉을	암탉	명	**hen** [hen] 헨

번호	가사	뜻	품사	영단어
6		잡다, 붙들다, 쥐다	동	**catch** [kætʃ] 캐치
7		놓치다, 잡지 못하다	동	**miss** [mis] 미스
8	닭장	닭장	명	**henhouse** [hen-haus] 헨하우스
9		밖, 바깥쪽, 외면, 겉모양	명	**outside** [áutsàid] 아웃사이드
10		배고픈, 주린, 갈망하는	형	**hungry** [hʌ́ŋgri] 헝그리

번호	가사	뜻	품사	영단어
11	여우	여우, 교활한 사람	명	fox [fɑks] 빡스
12	옳거니 하면서	옳지! 옳거니!		How lucky! 하우 러키
13	물고 갔다네	물고가다, 잡아채다	동	snatch [snætʃ] 스내치
14	꼬꼬댁	꼬꼬댁, 꽥꽥하고 우는 소리	명	cackle [kǽkəl] 캐끌
15	암탉	암탉	명	hen [hen] 헨

No.	가사	뜻	품사	영단어
16	**소**리를 쳤네	소리치다, 외치다, 고함치다	동	**shout** [ʃaut] 샤웃
17	**꼬**꼬댁	꼬꼬댁, 꽥꽥하고 우는 소리	명	**cackle** [kǽkəl] 캐끌
18	**암**탉	암탉	명	**hen** [hen] 헨
19	**소**리를 쳤네	소리치다, 외치다, 고함치다	동	**shout** [ʃaut] 샤웃
20	**귀**여운	귀여운, 예쁜, 영리한	형	**cute** [kju:t] 큐우-트

21 **꼬**마가 — 꼬마, 아이, 젊은이 ㉮명 — **kid** [kid] 키드

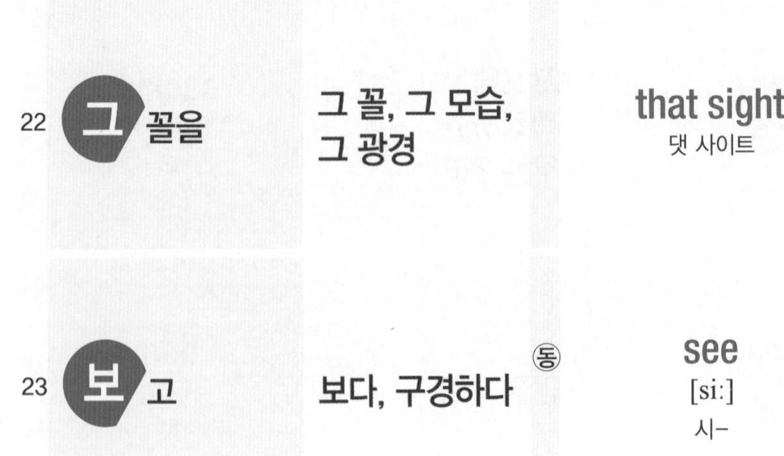

22 **그** 꼴을 — 그 꼴, 그 모습, 그 광경 — **that sight** 댓 사이트

23 **보**고 — 보다, 구경하다 ㉮동 — **see** [si:] 시-

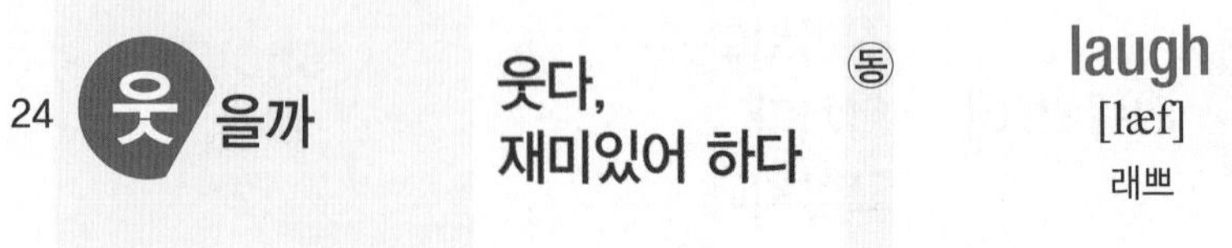

24 **웃**을까 — 웃다, 재미있어 하다 ㉮동 — **laugh** [læf] 래쁘

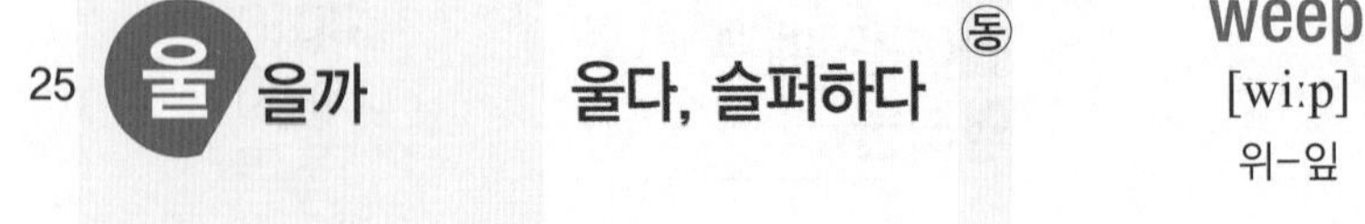

25 **울**을까 — 울다, 슬퍼하다 ㉮동 — **weep** [wi:p] 위-잎

26 

망설이다,
주저하다

hesitate
[hézətèit]
헤저테잇

속 담 닭 잡아먹고 오리발 내민다.

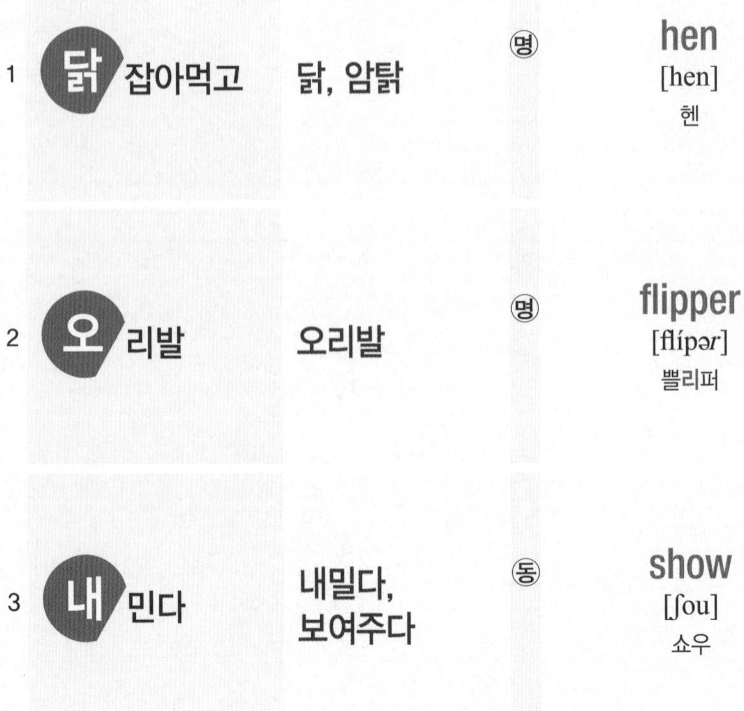

1	닭 잡아먹고	닭, 암탉	명	hen [hen] 헨
2	오 리발	오리발	명	flipper [flípər] 플리퍼
3	내 민다	내밀다, 보여주다	동	show [ʃou] 쇼우

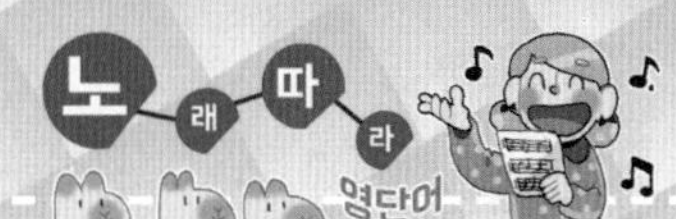

2 귀여운 꼬마 2절

귀여운 꼬마가
돼지 울에 가서
돼지를 잡으려다
놓쳤다네
울밖에 있던
배고픈 늑대
옳거니 하면서
물고 갔다네
꿀꿀꿀 돼지
소리를 쳤네
꿀꿀꿀 돼지
소리를 쳤네
귀여운 꼬마가
그 꼴을 보고
웃을까 울을까
망설였다네

1	**귀** 여운	귀여운, 예쁜, 영리한	ⓗ형	**cute** [kju:t] 큐우-트
2	**꼬** 마가	꼬마, 아이	ⓜ명	**kid** [kid] 키드
3	**돼** 지 울에	돼지, 돼지새끼	ⓜ명	**pig** [pig] 피그
4	**가** 서	가다, 향하다, 나아가다	ⓓ동	**go** [gou] 고우
5	**돼** 지를	돼지, 돼지새끼	ⓜ명	**pig** [pig] 피그

6	**잡**으려다	잡다, 붙들다, 쥐다	동	**catch** [kætʃ] 캐치
7	**놓**쳤다네	놓치다, 잡지 못하다	동	**miss** [mis] 미스
8	**울**밖에 있던	울, 울타리, 장애물	명	**fence** [fens] 펜스
9	**배**고픈	배고픈, 주린, 몹시 갈망하는	형	**hungry** [hʌ́ŋgri] 헝그리
10	**늑**대	늑대, 이리	명	**wolf** [wulf] 울쁘

11	**옳**거니 하면서	옳거니!		**How lucky!** 하우 러키
12	**물**고 갔다네	물고가다, 잡아채다	㉯	**snatch** [snætʃ] 스내치
13	**꿀**꿀꿀	꿀꿀거리다	㉯	**oink** [ɔiŋk] 오잉크
14	**돼**지	돼지, 돼지새끼	㉮	**pig** [pig] 피그
15	**소**리를 쳤네	소리치다, 외치다, 고함치다	㉯	**shout** [ʃaut] 샤웃

16	**꿀**꿀꿀	꿀꿀대다	㊍	**oink** [ɔiŋk] 오잉크
17	**돼**지	돼지, 돼지새끼	㊔	**pig** [pig] 피그
18	**소**리를 쳤네	소리치다, 외치다, 고함치다	㊍	**shout** [ʃaut] 샤웃
19	**귀**여운	귀여운, 예쁜, 영리한	㊕	**cute** [kjuːt] 큐우-트
20	**꼬**마가	꼬마, 아이, 새끼염소	㊔	**kid** [kid] 키드

21	**그** 꼴을	그 꼴, 그 모습	**that sight** 댓 사이트
22	**보** 고	보다, 구경하다 ㊐	**see** [siː] 시-
23	**웃** 을까	웃다, 재미있어하다 ㊐	**laugh** [læf] 래쁘
24	**울** 을까	울다, 소리치다 ㊐	**cry** [krai] 크라이
25	**망** 설였다네	망설이다, 주저하다 ㊐	**hesitate** [hézətèit] 헤저테잇

3 도깨비나라

이상하고
아름다운
도깨비나라
방망이를
두드리면
무엇이 될까
금 나와라와라
뚝딱
은 나와라와라
뚝딱

1	**이** 상하고	이상한, 낯선, 생소한	형	**strange** [streindʒ] 스뜨레인지
2	**아** 름다운	아름다운, 고운, 예쁜	형	**beautiful** [bjú:təfəl] 뷰-러뻘
3	**도** 깨비나라	도깨비, 유령, 망령	명	**ghost** [goust] 고우스트
4	**방** 망이를	방망이, 막대기, 나무토막	명	**stick** [stik] 스틱
5	**두** 드리면	두드리다, 치다 ; 장단	동 명	**beat** [bi:t] 비-트

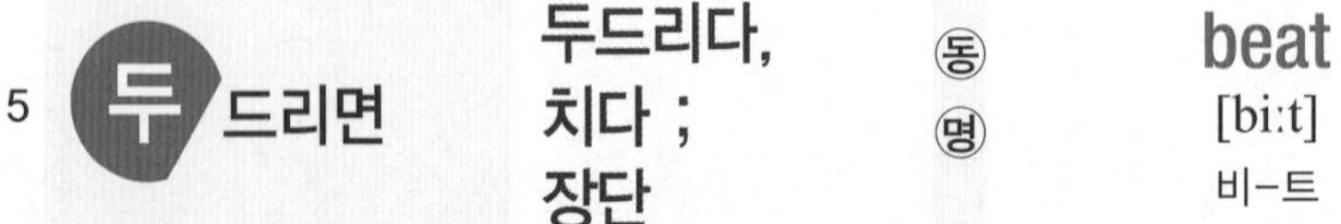

No.	노래	뜻	품사	영단어
6	무엇이 될까	무엇이 될까?, 무슨 일이 일어날까?		What will happen? 왓 윌 해픈
7	금나와라 와라	금, 황금, 금화	명	gold [gould] 고울드
8	뚝딱	뚝딱 치다, 두드리다	동	knock [nɑk / nɔk] 낙, 녹
9	은나와라 와라	은, 은그릇, 은제품	명	silver [sílvəːr] 실버–
10	뚝딱	뚝딱 치다, 두드리다	동	knock [nɑk / nɔk] 낙, 녹

속담 사촌이 땅을 사면 배가 아프다.

1	사촌이	사촌, 종(從)형제 〔자매〕	명	cousin [kʌ́zn] 커즌
2	땅을	땅, 토양, 토지, 부동산	명	land [lænd] 랜드
3	사면	사다, 구입하다, 손에 넣다	동	buy [bai] 바이
4	배가 아프다	배 아픔, 복통	명	stomachache [stʌ́məkèik] 스떠머케익

4 겨울바람

손이 시려워 꽁
발이 시려워 꽁
겨울바람 때문에 꽁꽁꽁
손이 꽁꽁꽁
발이 꽁꽁꽁
겨울바람 때문에
어디서 이 바람이
시작됐는지
산 너머인지
바다 건넌지
너무너무 얄미워

번호	단어	뜻	품사	영어
1	손이	손, 팔, 앞발	명	**hand** [hænd] 핸드
2	시려워 꽁	시린, 차가운, 찬, 추운	형	**cold** [kould] 코울드
3	발이	발	명	**foot** [fut] 풋
4	시려워 꽁	시린, 차가운, 찬, 추운	형	**cold** [kould] 코울드
5	겨울바람	겨울바람		**winter wind** 윈터- 윈드

6	때문에	~ 때문에, 왜냐하면	접	**because** [bikɔ́:z, -kʌ́z] 비코-즈, 비카-즈
7	꽁꽁꽁	꽁꽁 언, 아주 차가운		**frozen hard** 쁘로우즌 하-드
8	손이	손, 팔, 앞발	명	**hand** [hænd] 핸드
9	꽁꽁꽁	꽁꽁 언, 아주 차가운		**frozen hard** 쁘로우즌 하-드
10	발이	발	명	**foot** [fut] 뿟

11	꽁 꽁꽁	꽁꽁 언, 아주 차가운		**frozen hard** 쁘로우즌 하-드
12	겨 울바람	겨울바람		**winter wind** 윈터- 윈드
13	때 문에	때문에, 왜냐하면	㉨	**because** [bikɔ́ːz, -kάz] 비코-즈, 비카-즈
14	어 디서	어디서, 어디에, 어디로	㊇	**where** [*h*wɛəːr] 웨어-
15	이 바람이	이 바람		**this wind** 디스 윈드

16	**시**작됐는지	시작되다, 생기다	ⓢ **begin** [bigín] 비긴
17	**산**너머인지	산 너머	**beyond the mountain** 비언드 더 마운튼
18	**바**다 건넌지	바다 건너	**across the sea** 어크로스 더 시-
19	**너**무너무	너무너무	**so much** 소우 머치
20	**얄**미워	얄미운, 미운, 싫은	ⓗ **hateful** [héitfəl] 헤잇뻘

속 담 하늘이 무너져도 솟아날 구멍은 있다.

1	**하**늘이	하늘	명	**sky** [skai] 스까이
2	**무**너져도	무너지다, 무너져 내리다		**fall down** 뽀올 다운
3	**솟**아날	솟아나다, 솟아오르다 ; 봄	동 명	**spring** [spriŋ] 스프링
4	**구**멍이 있다	구멍, 틈	명	**hole** [houl] 호울

5 솜사탕

나뭇가지에
실처럼
날아든
솜사탕
하얀 눈처럼
희고도
깨끗한
솜사탕
엄마 손잡고
나들이 갈 때
먹어본
솜사탕
훅훅 불면은
구멍이 뚫리는
커다란 솜사탕

1	나 뭇가지에	나뭇가지	명	branch [bræntʃ] 브랜치
2	실 처럼	실처럼		like thread 라이크 뜨레드
3	날 아든	날아들다		fly in 쁠라이 인
4	솜 사탕	솜사탕		cotton candy 카든 캔디
5	하 얀	하얀색, 흰색, 백색	명	white [*h*wait] 와잇

6	눈 처럼	눈	명	snow [snou] 스노우
7	희 고도	흰색, 하얀색, 백색	명	white [*h*wait] 와잇
8	깨 끗한	깨끗한, 맑은, 순수한	형	pure [pjuə*r*] 퓨어
9	솜 사탕	솜사탕		cotton candy 카든 캔디
10	엄 마 손잡고	엄마 손		mother's hand 마더즈 핸드

11	**나** 들이 갈 때	나들이, 외출		**going out** 고잉 아웃
12	**먹** 어본	먹다, 식사하다	동	**eat** [i:t] 이잇
13	**솜** 사탕	솜사탕		**cotton candy** 카튼 캔디
14	**훅** 훅 불면은	훅 불다 ; 훅 불기	동 명	**puff** [pʌf] 퍼쁘
15	**구** 멍이	구멍, 틈, 구덩이	명	**hole** [houl] 호울

16	**뚫**리는	뚫다 ; 송곳, 훈련	ⓓ ⓜ	**drill** [dril] 드릴
17	**커**다란	커다란, 큰, 거대한	ⓗ	**great** [greit] 그레잇
18	**솜**사탕	솜사탕		**cotton candy** 카든 캔디

속 담 최후의 승자가 진정한 승자다.

1	최 후의	최후, 마지막 ; 최종의		the last 더 래스트
2	승 자가	승자, 승리자, 우승자	명	winner [wínəːr] 위너
3	진 정한	진정한, 진짜의, 진실의	형	real [ríː-əl, ríəl] 리-얼
4	승 자다	승리자, 전승자, 정복자	명	victor [víktər] 빅터

6 개구리

개굴개굴 개구리
노래를 한다
아들 손자 며느리
다 모여서
밤새도록 하여도
듣는 이 없네
듣는 사람 없어도
날이 밝도록
개굴개굴 개구리
노래를 한다
개굴개굴 개구리
목청도 좋다

1	**개**굴개굴	개골개골 울다, 깍깍 울다	동	**croak** [krouk] 크로욱
2	**개**구리	개구리	명	**frog** [frɔːg] 쁘로-그
3	**노**래를 한다	노래하다, 울다		**sing a song** 싱 어 송
4	**아**들	아들, 자식, 자손	명	**son** [sʌn] 선
5	**손**자	손자	명	**grandson** [grǽnd-sʌ̀n] 그랜선

6	며 느리	며느리	명	daughter-in-law [dɔ́:tərinlɔ̀:] 도-더린로-
7	다 모여서	다 모이다		gather together 개러 터게-더
8	밤 새도록	밤새도록, 밤새껏	부	overnight [óuvərnàit] 오우버나잇
9	하 여도	하다, 행하다, 수행하다	동	do [du:,] 두-
10	듣 는 이 없네	듣는 이, 듣는 사람	명	listener [lísnər] 리스너

11	**들**는 사람 없어도	듣는 이, 듣는 사람	명	**listener** [lísnər] 리스너
12	**날**이 밝도록	날이 밝도록, 밤새	부	**overnight** [óuvərnàit] 오우버나잇
13	**개**굴개굴	개골개골 울다, 깍깍 울다	동	**croak** [krouk] 크로욱
14	**개**구리	개구리	명	**frog** [frɔːg] 쁘로-그
15	**노**래를 한다	노래하다, 울다		**sing a song** 싱 어 송

16 **개**굴개굴	개골개골 울다, 깍깍 울다	동	**croak** [krouk] 크로욱
17 **개**구리	개구리	명	**frog** [frɔːg] 쁘로–그
18 **목**청도 좋다	목청, 목소리, 음성	명	**voice** [vɔis] 보이스

속 담 사람은 빵으로만 살 수 없다.

1	사람은	사람, 인간, 인물, 인격, 중요 인물	명	**person** [pə́:rsən] 퍼어슨
2	빵으로만	빵, 생계, 식량	명	**bread** [bred] 브레드
3	살 수 없다	살다, 존속하다, 생존하다	동	**exist** [igzíst] 이그지스트

7 동물농장

닭장 속에는
암탉이 (꼬꼬댁)
문간 옆에는
거위가 (꽥꽥)
배나무 밑엔
염소가 (음매)
외양간에는
송아지 (음매)
깊은 산속엔
뻐꾸기 (뻐꾹)
높은 하늘엔
종달새 (호르르)
부뚜막 위엔
고양이 (야옹)
마루 밑에는
강아지 (멍멍)

	가사	뜻		영단어
1	**닭** 장 속에는	닭장	명	**henhouse** [hen-haus] 헨하우스
2	**암** 탉이 (꼬꼬댁)	암탉	명	**hen** [hen] 헨
3	**문** 간	문간, 문, 입구, 통로	명	**gate** [geit] 게이트
4	**옆** 에는	옆, 측면, 옆구리	명	**side** [said] 사이드
5	**거** 위가 (꽥꽥)	거위	명	**goose** [gu:s] 구-스

6	**배** 나무	배, 배나무	명	**pear** [pɛər] 페어
7	**밑** 엔	밑바닥, 바닥, 기초	명	**bottom** [bátəm] 바럼
8	**염** 소가 (음매)	염소	명	**goat** [gout] 고웃
9	**외** 양간에는	외양간, 마구간, 가축우리	명	**stable** [stéibl] 스떼이블
10	**송** 아지 (음매)	송아지, 새끼	명	**calf** [kæf] 캐쁘

11	**깊**은	깊은, 깊숙한	ⓗ	**deep** [di:p] 디-입
12	**산**속엔	산, 산악, 산맥	ⓜ	**mountain** [máunt-ən] 마운튼
13	**뻐**꾸기 (뻐꾹)	뻐꾸기, 뻐꾸기 울음 소리	ⓜ	**cuckoo** [kú(:)ku:] 쿠쿠-
14	**높**은	높은, 고지의	ⓗ	**high** [hai] 하이
15	**하**늘엔	하늘, 천국, 날씨	ⓜ	**sky** [skai] 스까이

16	종달새 (호르르)	종달새	명	**skylark** [skáilɑ̀ːrk] 스까일라-악
17	부뚜막 위엔	부뚜막		**kitchen range** 키친 레인지
18	고양이 (야옹)	고양이	명	**cat** [kæt] 캣
19	마루	마루, 층	명	**floor** [flɔːr] 쁠로-
20	밑에는	밑바닥, 바닥, 기초	명	**bottom** [bɑ́təm] 바럼

21 강 아지 (멍멍)	강아지	명	puppy [pʌ́pi] 퍼피

8 멋진 눈사람

눈을 굴려서
눈을 굴려서
눈사람을
만들자
눈썹 눈 코 입
멋진 얼굴이 됐네
모자 안경 외투 장갑
멋진 눈사람이 됐네

1	눈을	눈	명	**snow** [snou] 스노우
2	굴려서	굴리다, 구르다, 회전하다	동	**roll** [roul] 로울
3	눈을	눈	명	**snow** [snou] 스노우
4	굴려서	굴리다, 구르다, 회전하다	동	**roll** [roul] 로울
5	눈사람을	눈사람	명	**snowman** [snóumæ̀n] 스노우맨

6	**만**들자	만들다, 제작하다	동	**make** [meik] 메익
7	**눈**썹	눈썹	명	**eyebrow** [ái-bràu] 아이브라우
8	**눈**	눈, 눈동자, 동공	명	**eye** [ai] 아이
9	**코**	코, 후각	명	**nose** [nouz] 노우즈
10	**입**	입, 구강	명	**mouth** [mauθ] 마우뜨

11	멋 진	멋진, 좋은, 훌륭한	형	**nice** [nais] 나이스
12	얼 굴이 됐네	얼굴, 얼굴모습	명	**face** [feis] 뻬이스
13	모 자	모자, 뚜껑, 마개	명	**cap** [kæp] 캡
14	안 경	안경	명	**glasses** [glæsiz] 글래시즈
15	외 투	외투, 오버코트, 보호막	명	**overcoat** [óuvərkòut] 오우버코웃

16	장 갑	장갑, 글러브	명	glove [glʌv] 글러브
17	멋 진	멋진, 좋은, 훌륭한	형	nice [nais] 나이스
18	눈 사람이 됐네	눈사람	명	snowman [snóumæ̀n] 스노우맨

속담 배고픈 사람이 찬밥 더운밥 가리랴.

1	배 고픈 사람이	배고픈 사람, 거지, 가난뱅이, 빈털터리	명	beggar [bégər] 베거
2	찬 밥	찬 밥, 식은 밥		cold rice 콜드 라이스
3	더 운밥	더운 밥, 따뜻한 밥		hot rice 핫 라이스
4	가 리랴	가리다, 고르다, 선택하다	동	select [silékt] 실렉트

9 참 좋은 말

사랑해요 이 한마디
참 좋은 말
우리식구 자고나면 주고 받는 말
사랑해요 이 한마디
참 좋은 말
엄마 아빠 일터 갈 때 주고 받는 말
이 말이 좋아서
온종일 신이 나지요
이 말이 좋아서
온종일 일 맛나지요
이 말이 좋아서
온종일 가슴이 콩닥콩닥 인대요
사랑해요 이 한마디
참 좋은 말
나는 나는 이 한마디가
정말 좋아요

1	**사**랑해요	사랑해요.		**I love you.** 아일러뷰
2	**이** 한마디	이 한마디		**this single word** 디스 싱글 워-드
3	**참** 좋은 말	참 좋은 말!		**What a nice word!** 와 러 나이스 워-드
4	**우**리식구	우리 식구, 우리 가족		**our family** 아우어 빼밀리
5	**자**고나면	자다, 잠자다	동	**sleep** [sli:p] 슬리-잎

6	주고 받는	주고받다		give and take 기브 앤 테익
7	말	말, 낱말, 이야기	명	word [wəːrd] 워-드
8	사랑해요	사랑해요.		I love you. 아일러뷰
9	이 한마디	이 한마디		this single word 디스 싱글 워-드
10	참 좋은 말	참 좋은 말!		What a nice word! 와 러 나이스 워-드

번호	첫말잇기	뜻	품사	영단어
11	**엄**마	엄마, 어머니	명	**mother** [mʌ́ðəːr] 마더–
12	**아**빠	아빠, 아버지	명	**father** [fɑ́ːðər] 빠–더
13	**일**터 갈 때	일터, 작업장	명	**workplace** [wə́ːrkplèis] 워–킹플레이스
14	**주**고받는 말	주고받다		**give and take** 기브 앤 테익
15	**이** 말이	이 말, 이런 말, 이 같은 말		**this word** 디스 워–드

16 **좋**아서	좋은, 착한, 친절한	ⓗ형	**good** [gud] 굿
17 **온**종일	온종일, 하루 종일		**all day long** 얼 데일 롱
18 **신**이 나지요	신나는, 유쾌한, 기분 좋은	형	**pleasant** [pléznt] 플레즌트
19 **이** 말이	이 말		**this word** 디스 워-드
20 **좋**아서	좋은, 착한, 친절한	형	**good** [gud] 굿

21	**온** 종일	온종일, 하루 종일		**all day long** 얼 데일 롱
22	**일** 맛 나지요	일, 작업	명	**working** [wə́ːrkiŋ] 워-킹
23	**이** 말이	이 말		**this word** 디스 워-드
24	**좋** 아서	좋은, 착한, 훌륭한	형	**good** [gud] 굿
25	**온** 종일	온종일, 하루 종일		**all day long** 얼 데일 롱

26	가슴이	가슴, 심장, 마음	명	heart [hɑːrt] 하–트
27	콩닥콩닥 인대요	콩닥콩닥, 두근거림	명	pound [paund] 파운드
28	사랑해요	사랑해요.		I love you. 아일러뷰
29	이 한마디	이 한마디		this single word 디스 싱글 워–드
30	참 좋은 말	참 좋은 말!		What a nice word! 와 러 나이스 워–드

31	나는 나는	나이트, 기사	명	knight [nait] 나잇
32	이 한마디가	이 한마디		this single word 디스 싱글 워-드
33	정말	정말, 참으로, 진실로	부	really [rí:-əli] 리-얼리
34	좋아요	좋아요!		Sounds good! 사운즈 굿

10 산중호걸

산중호걸이라 하는
호랑님의 생일날이 되어
각색짐승 공원에 모여
무도회가 열렸네
토끼는 춤추고 여우는 바이올린
짠짠 찌가 찌가찌가
짠짠 짠짠찐짠 하더라
그 중에 한 놈이 잘난 체하면서
까불 까불까불
까불 까불까불 하더라

1	**산**중호걸 이라 하는	산중호걸		mountain hero 마운튼 히로우
2	**호**랑님의	호랑이	명	tiger [táigəːr] 타이거-
3	**생**일날이 되어	생일, 기념일	명	birthday [bəːrθdèi] 버-쓰데이
4	**각**색짐승	각색짐승		all of animals 얼 어브 애니멀즈
5	**공**원에	공원, 유원지	명	park [pɑːrk] 파-크

6	모 여	모이다, 모으다	동	gather [gǽðər] 개러
7	무 도회가	무도회, (매우) 즐거운 한 때	명	ball [bɔ:l] 보-올
8	열 열렸네	열다, 개시하다, 시작하다	동	open [óupən] 오우픈
9	토 끼는	토끼, 집토끼	명	rabbit [rǽbit] 래빗
10	춤 추고	춤추다, 뛰어 돌아 다니다	동	dance [dæns] 댄스

No.	가사	뜻	품사	영단어
11	**여**우는	여우, 교활한 사람	명	**fox** [fɑks] 빡스
12	**바**이올린	바이올린	명	**violin** [vàiəlín] 바이얼린
13	**짠**짠	짠물, 소금물		**salty water** 소-올티 워러
14	**찌**가 찌가찌가	찌푸린, 흐린, 구름 낀	형	**cloudy** [kláudi] 클라우디
15	**짠**짠 찐짠찐잔	짠물, 소금물		**salty water** 소-올티 워러

16	**하** 더라	하드, 어려운, 힘든	형	**hard** [hɑːrd] 하-드
17	**그** 중에 한놈이	그 중에 하나, 그들 가운데 하나		**one of them** 완 어브 뎀
18	**잘** 난 체하면서	잘난 체하다, 젠체하다	동	**boast** [boust] 보우스트
19	**까** 불 까불까불	까불까불하다, 자랑하다	동	**boast** [boust] 보우스트
20	**까** 불 까불까불	까불까불하다, 자랑하다	동	**boast** [boust] 보우스트

21 하 더라	하드, 어려운, 힘든	형	**hard** [hɑːrd] 하-드

11 산바람 강바람 1절

산위에서
부는 바람
서늘한 바람
그 바람은
좋은 바람
고마운 바람
여름에 나무꾼이
나무를 할 때
이마에 흐른 땀을
씻어준대요

1	산 위에서	산, 산악, 산맥	명	mountain [máunt-ən] 마운튼
2	부 는	불다, 바람이 불다	동	blow [blóu] 블오우
3	바 람	바람, 강풍	명	wind [wind] 윈드
4	서 늘한	서늘한, 시원한, 냉정한	형	cool [kuːl] 쿠-울
5	바 람	바람, 강풍	명	wind [wind] 윈드

6	그 바람은	그 바람		that wind 댓 윈드
7	좋은 바람	좋은 바람		good wind 굿 윈드
8	고마운	고맙습니다!, 감사합니다!		Thank you! 땡 큐
9	바람	바람, 강풍	명	wind [wind] 윈드
10	여름에	여름, 여름철, 한창때	명	summer [sʌ́mə*r*] 써머

11	나 무꾼이	나무꾼	명	**woodcutter** [wúdkʌtər] 우드커러
12	나 무를 할 때	나무, 땔나무, 장작	명	**firewood** [fáiər-wùd] 빠이어우드
13	이 마에	이마, 앞머리	명	**forehead** [fɔ́(:)rid] 뽀-리드
14	흐 른	흐르다, 흘러내리다		**run down** 런 다운
15	땀 을	땀	명	**sweat** [swet] 스웻

16  씻어준대요

씻다, 씻어내다

wash

[wɑʃ, wɔ(:)ʃ]

와시, 워시

속 담 배움에는 나이가 없다.

1	배 움에는	배움, 학습, 학문, 학식, 지식	명	learning [lə́ːrniŋ] 러어닝
2	나 이가	나이, 연령, 시대, 세대	명	age [eidʒ] 에이지
3	없 다	없는, 부재의, 결여된, 결석의	형	absent [æbsənt] 앱슨트

12 산바람 강바람 2절

강가에서
부는 바람
시원한 바람
그 바람은
좋은 바람
고마운 바람
사공이 배를 젓다
잠이 들어도
저 혼자 나룻배를
저어간대요

1	**강** 가에서	강가, 강변	명	**riverside** [rívəːrsàid] 리버-사이드
2	**부** 는	불다, 바람이 불다	동	**blow** [blóu] 블오우
3	**바** 람	바람, 강풍	명	**wind** [wind] 윈드
4	**시** 원한	시원한, 서늘한, 냉정한	형	**cool** [kuːl] 쿠-울
5	**바** 람	바람, 강풍	명	**wind** [wind] 윈드

6	그 바람은	그 바람		**that wind** 댓 윈드
7	좋은 바람	좋은 바람		**nice wind** 나이스 윈드
8	고마운 바람	고마운 바람		**kind wind** 카인드 윈드
9	사공이	사공, 보트 젓는 사람	명	**boatman** [bóutmən] 보웃먼
10	배를 젓다	배, 보트, 작은 배	명	**boat** [bout] 보웃

11	**잠**이 들어도	잠들다, 잠자다 ; 잠	ⓓ ⓜ (동, 명)	**sleep** [sli:p] 슬리-잎
12	**저** 혼자	저 혼자, 혼자		**by himself** 바이 힘셀쁘
13	**나**룻배를	나룻배, 연락선	명	**ferryboat** [féribòut] 뻬리보웃
14	**저**어간대요	저어가다, 젓다	동	**row** [rou] 로우

13 동네 한바퀴

다 같이 돌자
동네 한바퀴
아침 일찍 일어나
동네 한바퀴
우리보고 나팔꽃도
인사합니다
우리도 인사하며
동네 한바퀴
바둑이도 인사하며
동네 한바퀴

1	**다** 같이	다같이, 다함께, 합쳐서	㊍	**together** [təgéðəːr] 터게더-
2	**돌** 자	돌다, 맴돌다, 돌아다니다		**go around** 고우 라운드
3	**동** 네	동네, 마을, 촌락	㊔	**village** [vílidʒ] 빌리지
4	**한** 바퀴	한 바퀴		**one round** 완 라운드
5	**아** 침 일찍	아침 일찍		**early morning** 어-얼리 모닝

6	**일**어나	일어나다, 기상하다		**get up** 게 답
7	**동**네	동네, 마을, 촌락	㊔	**village** [vílidʒ] 빌리지
8	**한** 바퀴	한 바퀴		**one round** 완 라운드
9	**우**리보고	우리들을, 우리들에게	㊖	**us** [ʌs] 어스
10	**나**팔꽃도	나팔꽃	㊔	**morning-glory** [mɔ́ːrniŋglɔ̀ːri] 모-닝글로-리

11	**인** 사합니다	인사, 환영, 인사말	명	**greeting** [grí:tiŋ] 그리-딩
12	**우** 리도	우리도, 우리가, 우리는	대	**we** [wi:] 위-
13	**인** 사하며	인사, 환영, 인사말	명	**greeting** [grí:tiŋ] 그리-딩
14	**동** 네	동네, 마을, 촌락	명	**village** [vílidʒ] 빌리지
15	**한** 바퀴	한 바퀴		**one round** 완 라운드

16	**바** 둑이도	바둑이, 개	명	**dog** [dɔ(:)g, dɑg] 도-그, 다그
17	**인** 사하며	인사, 환영, 인사말	명	**greeting** [gríːtiŋ] 그리-딩
18	**동** 네	동네, 마을, 촌락	명	**village** [vílidʒ] 빌리지
19	**한** 바퀴	한 바퀴		**one round** 완 라운드

속 담 연습하면 완벽해진다.

1	**연**습하면	연습, 실습, 실행, 경험	㊔명	**practice** [prǽktis] 프랙티스
2	**완**벽해진다	완벽한, 완전한, 숙달된, 결점이 없는	형	**perfect** [pə́ːrfikt] 퍼어뻭트

14 비행기

떴다 떴다 비행기
날아라 날아라
높이 높이 날아라
우리 비행기
내가 만든 비행기
날아라 날아라
멀리 멀리 날아라
우리 비행기

1	떴다 떴다	뜨다, 날다, 비행하다	동	fly [flai] 쁠라이
2	비행기	비행기	명	airplane [ɛ́ərplèin] 에어플레인
3	날아라	날다, 뜨다, 비행하다	동	fly [flai] 쁠라이
4	날아라	날다, 뜨다, 비행하다	동	fly [flai] 쁠라이
5	높이 높이	높이높이		high and high 하이 앤 하이

6	날아라	날다, 비행하다, 뜨다	동	**fly** [flai] 쁠라이
7	우리 비행기	우리 비행기		**my airplane** 마이 에어플레인
8	내가	내가, 나	대	**I** [ai] 아이
9	만든	만들다, 제작하다, 조립하다	동	**make** [meik] 메익
10	비행기	비행기	명	**airplane** [έərplèin] 에어플레인

11 **날**아라	날다, 비행하다, 뜨다	동	**fly** [flai] 쁠라이
12 **날**아라	날다, 비행하다, 뜨다	동	**fly** [flai] 쁠라이
13 **멀**리멀리	멀리멀리		**far away** 빠 러웨이
14 **날**아라	날다, 비행하다, 뜨다	동	**fly** [flai] 쁠라이
15 **우**리 비행기	우리 비행기		**my airplane** 마이 에어플레인

15 새나라의 어린이

새나라의 어린이는
일찍 일어납니다
잠꾸러기 없는 나라
우리나라 좋은 나라
새나라의 어린이는
서로서로 돕습니다
욕심장이 없는 나라
우리나라 좋은 나라

1	**새**나라의	새나라		**new country** 뉴- 컨츠리
2	**어**린이는	어린이, 아이, 아동	명	**child** [tʃaild] 차일드
3	**일**찍	일찍, 일찍부터	부	**early** [ə́:rli] 어-얼리
4	**일**어납니다	일어나다, 기상하다		**get up** 게 답
5	**잠**꾸러기	잠꾸러기, 멍청이	명	**sleepyhead** [slí:pihèd] 슬리-피헤드

6	없는 나라	없는, 보이지 않는, 행방불명의	㉻	missing [mísiŋ] 미싱
7	우리나라	우리나라		our country 아우어 컨츠리
8	좋은 나라	좋은 나라		good country 굿 컨츠리
9	새나라의	새나라		new country 뉴– 컨츠리
10	어린이는	어린이, 아이, 아동	㉹	child [tʃaild] 차일드

번호	단어	뜻	품사	영어
11	**서**로서로	서로서로, 함께	부	**together** [təgéðə:r] 터게더-
12	**돕**습니다	돕다, 원조하다	동	**help** [help] 헬프
13	**욕**심장이	욕심쟁이, 돼지 같은 녀석	명	**hog** [hɔ:g, hɑg] 호-그, 하그
14	**없**는 나라	없는, 보이지 않는	형	**missing** [mísiŋ] 미싱
15	**우**리나라	우리나라		**our country** 아우어 컨츠리

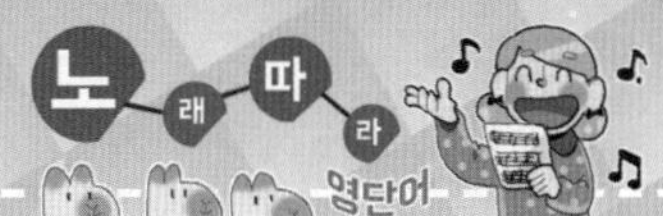

16 
좋은 나라

좋은 나라

good country
굿 컨츠리

속 담 펜은 칼보다 강하다.

1	펜은	펜, 펜촉	명	pen [pen] 펜
2	칼보다	칼, 검, 무력	명	sword [sɔːrd] 스워드
3	강하다	강한, 강력한, 유력한, 우세한	형	powerful [páuərfəl] 파우워뻘

16 무궁화

무궁화 무궁화
우리나라 꽃
삼천리 강산에
우리나라 꽃
피었네 피었네
우리나라 꽃
삼천리 강산에
우리나라 꽃

번호	첫말	뜻		영단어
1	무궁화	무궁화, 샤론의 장미		rose of Sharon 로즈 어브 쉐런
2	무궁화	무궁화, 샤론의 장미		rose of Sharon 로즈 어브 쉐런
3	우리나라	우리나라, 나의 조국		our country 아우어 컨츠리
4	꽃	꽃, 화초	명	flower [fláuər] 쁠라우어
5	삼천리	삼천		three thousands 뜨리 따우전즈

6	강 산에	강과 산		mountain and river 마운튼 앤 리브
7	우 리나라	우리나라		our country 아우어 컨츠리
8	꽃	꽃, 화초	명	flower [fláuər] 쁠라우어
9	피 었네	피다, 꽃피다, 만발하다	동	blossom [blásəm] 블라섬
10	피 었네	피다, 꽃피다, 만발하다	동	blossom [blásəm] 블라섬

11	**우**리나라	우리나라		our country 아우어 컨츠리
12	**꽃**	꽃, 화초	㉢명	flower [fláuər] 쁠라우어
13	**삼**천리	삼천		three thousands 뜨리 따우전즈
14	**강**산에	강과 산		mountain and river 마운튼 앤 리브
15	**우**리나라	우리나라		our country 아우어 컨츠리

16	꽂	꽃, 화초	명	flower [fláuər] 뿔라우어

속 담 고통 없이는 아무 것도 얻을 수 없다.

1	고통 없이는	고통 없음, 무고통, 무통증		no pain 노우 페인
2	아무것도	아무 것도 ~아님, 전혀 ~아님	㉺	nothing [nʌ́θiŋ] 나띵
3	얻을 수 없다	얻다, 손에 넣다, 획득하다	㉿	obtain [əbtéin] 업테인

17 아빠와 크레파스

어젯밤엔 우리 아빠가
다정하신 모습으로
한손에는 크레파스를
사가지고 오셨어요 으음
그릴 것은 너무 많은데
하얀 종이가 너무 작아서
아빠 얼굴 그리고 나니
잠이 들고 말았어요 으음
밤새 꿈나라에
아기 코끼리가 춤을 추었고
크레파스 병정들은
나뭇잎을 타고 놀았죠 으음
어젯밤엔 달빛도
아빠의 웃음처럼
나의 창에 기대어
포근히 날 재워줬어요 으음

1	어 젯밤엔	어젯밤, 지난밤		last night 래스트 나잇
2	우 리 아빠가	우리 아빠		my father 마이 빠-더
3	다 정하신	다정한, 친절한, 상냥한	형	tender [téndəːr] 텐더-
4	모 습으로	모습, 표정, 얼굴 표정	명	expression [ikspréʃən] 익스프레션
5	한 손에는	한 손에는		on one hand 온 완 핸드

6	크레파스를	크레용	명	crayon [kréiən] 크레이언
7	사가지고	사다, 구입하다	동	buy [bai] 바이
8	오셨어요 으음	오다, 돌아오다	동	come [kʌm] 컴
9	그릴 것은	그리다, 그림을 그리다	동	draw [drɔː] 드로-
10	너무 많은데	너무 많이		too much 투- 머치

번호	첫말	뜻	품사	영단어
11	**하**얀	하얀색, 흰색, 백색	명	**white** [*h*wait] 와이트
12	**종**이가	종이	명	**paper** [péipə*r*] 페이퍼–
13	**너**무 작아서	너무 작은, 매우 작은		**too small** 투– 스몰
14	**아**빠	아빠, 아버지	명	**father** [fɑ́:ðə*r*] 빠–더
15	**얼**굴	얼굴, 얼굴모습, 표정	명	**face** [feis] 뻬이스

16	**그**리고 나니	그리다, 그림을 그리다	부	**draw** [drɔ:] 드로-
17	**잠**이 들고	잠들다		**fall asleep** 뽀-올 어슬립
18	**말**았어요 으음	말다, 그만두다, 포기하다		**give up** 기브 업
19	**밤**새	밤새, 밤새도록	부	**overnight** [óuvərnàit] 오우버나잇
20	**꿈**나라에	꿈나라, 잠	명	**dreamland** [drí:mlæ̀nd] 드리-임랜드

21	**아**기	아기, 갓난아이, 젖먹이	명	**baby** [béibi] 베이비
22	**코**끼리가	코끼리	명	**elephant** [éləfənt] 엘러뻔트
23	**춤**을 추었고	춤추다	동	**dance** [dæns] 댄스
24	**크**레파스	크레용	명	**crayon** [kréiən] 크레이언
25	**병**정들은	병정, 병사, 군인	명	**soldier** [sóuldʒəːr] 쏘울저-

26	**나**뭇잎을	나뭇잎, 잎, 풀잎	명	**leaf** [li:f] 리-쁘
27	**타**고	타다, 타고가다	동	**ride** [raid] 라이드
28	**놀**았죠 으음	놀다, 놀이를 하다	동	**play** [plei] 플레이
29	**어**젯밤엔	어젯밤, 지난밤		**last night** 래스트 나잇
30	**달**빛도	달빛	명	**moonlight** [mú:nlàit] 무-운라이트

31 **아**빠의	아빠, 아버지	명	**father** [fɑ́:ðər] 빠-더
32 **웃**음처럼	웃음, 미소	명	**smile** [smail] 스마일
33 **나**의 창에	나의 창		**my window** 마이 윈도우
34 **기**대어	기대다, 의지하다	동	**lean** [li:n] 리-인
35 **포**근히	포근히, 편안히, 기분 좋게	부	**comfortably** [kʌ́mfərtəbəli] 컴뻐터블리

36	날	날, 나를, 나에게	㊥대	me [miː] 미–
37	재 워줬어요 으음	재우다		put to asleep 풋 터 슬립

속 담 망설이는 자는 기회를 잃는다.

1	**망** 설이는	망설이다, 주저하다, 머뭇거리다	동	**hesitate** [hézətèit] 헤저테잇
2	**자** 는	자, 놈, 녀석, 사람, 인간	명	**person** [pə́:rsən] 퍼어슨
3	**기** 회를	기회, 호기, 행운, 가망	명	**opportunity** [àpərtjú:nəti] 어퍼튜너디
4	**잃** 는다	잃다, 놓치다, 잡지 못하다	동	**lose** [lu:z] 루즈

18 숲속을 걸어요 1절

숲속을 걸어요
산새들이 속삭이는 길
숲속을 걸어요
꽃 향기가 그윽한 길
햇님도 쉬었다
가는 길
다람쥐가
넘나드는 길
정다운 얼굴로
우리 모두 숲속을 걸어요

1	**숲** 속을	숲, 산림, 임야	명	**forest** [fɔ́(:)rist] 뽀리스트
2	**걸** 어요	걸어 다니다, 산책하다	동	**stroll** [stroul] 스뜨로울
3	**산** 새들이	산새		**mountain bird** 마운튼 버-드
4	**속** 삭이는	속삭이다	동	**whisper** [hwíspəːr] 위스퍼-
5	**길**	길, 도로, 통로, 진로	명	**road** [roud] 로우드

6	숲 속을	숲, 산림	명	forest [fɔ́(:)rist] 뽀리스트
7	걸어요	걸어 다니다, 거닐다	동	stroll [stroul] 스뜨로울
8	꽃 향기가	꽃향기		smell of flower 스멜 어브 쁠라우어
9	그윽한	그윽한, 달콤한, 향기로운	형	sweet [swi:t] 스위-잇
10	길	길, 도로, 통로, 진로	명	road [roud] 로우드

11	**햇** 님도	햇님, 태양, 해	명	**sun** [sʌn] 썬
12	**쉬** 었다	쉬는 시간, 휴식시간		**break time** 어 브레익 타임
13	**가** 는	가다, 떠나다, 남기고 가다	동	**leave** [liːv] 리-브
14	**길**	길, 도로, 통로, 진로	명	**road** [roud] 로우드
15	**다** 람쥐가	다람쥐	명	**squirrel** [skwə́ːr-əl] 스쿼-럴

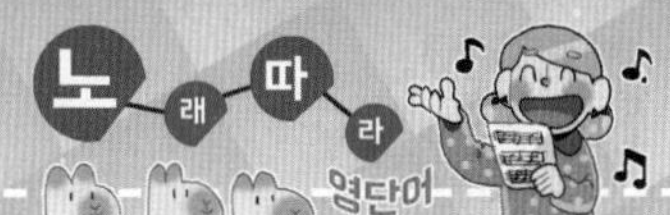

16	넘 나드는	넘나들다, 돌아다니다		walk around 워-커 라운드
17	길	길, 도로, 통로, 진로	명	road [roud] 로우드
18	정 다운	정다운, 친숙한, 친밀한, 가까운	형	familiar [fəmíljər] 뻐밀려
19	얼 굴로	얼굴, 얼굴모습	명	face [feis] 뻬이스
20	우 리 모두	우리 모두		all of us 얼 어브 어스

21	**숲** 속을	숲, 산림, 임야	㉢명	**forest** [fɔ́(:)rist] 뽀리스트
22	**걸** 어요	걸어가다, 거닐다	㉢동	**stroll** [stroul] 스뜨로울

19 숲속을 걸어요 2절

숲속을 걸어요
맑은 바람 솔바람 이는
숲속을 걸어요
도랑물이
노래하는 길
달님도 쉬었다
가는 길
산노루가
넘나드는 길
웃음 띤 얼굴로
우리 모두
숲속을 걸어요

1	**숲** 속을	숲, 산림, 임야	명	**forest** [fɔ́(:)rist] 뽀리스트
2	**걸** 어요	걸어 다니다, 거닐다	동	**stroll** [stroul] 스뜨로울
3	**맑** 은 바람	맑은 바람, 신선한 바람		**fresh wind** 쁘레시 윈드
4	**솔** 바람	솔, 소나무		**pine tree** 파인 츠리
5	**이** 는	일다, 일어나다, 불다, 생기다	동	**rise** [raiz] 라이즈

6	**숲** 속을	숲, 산림, 임야	명	**forest** [fɔ́(:)rist] 뽀리스트
7	**걸**어요	걸어 다니다, 거닐다	동	**stroll** [stroul] 스뜨로울
8	**도**랑물이	도랑, 개천	명	**ditch** [ditʃ] 디치
9	**노**래하는	노래하다, 졸졸거리다		**sing a song** 싱 어 송
10	**길**	길, 도로, 통로, 진로	명	**road** [roud] 로우드

11	**달** 님도	달님, 달, 달빛	㉢명	**moon** [mu:n] 무-운
12	**쉬** 었다	쉬는 시간, 휴식 시간		**break time** 어 브레익 타임
13	**가** 는	가다, 떠나다, 남기고 떠나다	㉢동	**leave** [li:v] 리-브
14	**길**	길, 도로, 통로, 진로	㉢명	**road** [roud] 로우드
15	**산** 노루가	산노루		**mountain deer** 마운튼 디어

16 **넘**나드는	넘나들다, 자주 방문하다		**visit often** 비짓 오븐
17 **길**	길, 도로, 통로, 진로	명	**road** [roud] 로우드
18 **웃**음 띤	웃음, 미소 ; 미소짓다	명 동	**smile** [smail] 스마일
19 **얼**굴로	얼굴, 표정, 안색	명	**look** [luk] 룩
20 **우**리 모두	우리 모두		**all of us** 얼 어브 어스

21	**숲** 속을	숲, 산림, 임야	명	**forest** [fɔ́(:)rist] 뽀리스트
22	**걸**어요	걸어 다니다, 거닐다	동	**stroll** [stroul] 스뜨로울

20 네잎클로버

깊고 작은 산골짜기 사이로
맑은 물 흐르는 작은 샘터에
예쁜 꽃들 사이에 살짝 숨겨진
이슬 먹고 피어난 네 잎 클로버
랄랄라 한 잎 랄랄라 두 잎
랄랄라 세 잎 랄랄라 네 잎
행운을 가져다준다는
수줍은 얼굴의 미소
한줄기의 따스한 햇살 받으며
희망으로 가득한
나의 친구야
빛처럼 밝은 마음으로
너를 닮고 싶어

1	깊고	깊은, 깊숙한	형	deep [di:p] 디-입
2	작은	작은, 소형의	형	small [smɔ:l] 스모-올
3	산골짜기	산골짜기, 계곡	명	valley [vǽli] 밸리
4	사이로	사이, 틈, 틈새, 간격	명	gap [gæp] 갭
5	맑은 물	맑은 물, 신선한 물		fresh water 쁘레시 워러

6	**흐**르는	흐르다, 흘러가다	동	**flow** [flou] 쁠로우
7	**작**은	작은, 소형의	형	**small** [smɔːl] 스모-올
8	**샘**터에	샘터, 샘, 샘물, 봄	명	**spring** [spriŋ] 스쁘링
9	**예**쁜	예쁜, 귀여운, 멋진,	형	**sweet** [swiːt] 스위-잇
10	**꽃**들	꽃, 화초	명	**flower** [fláuər] 쁠라우어

11	사이에	~ 사이에, ~의 가운데	㉿전	among [əmʌ́ŋ] 어멍
12	살짝	살짝, 몰래, 비밀리에	부	secretly [sí:kritli] 시-크리틀리
13	숨겨진	숨겨진, 숨은, 비밀의	형	hidden [hídn] 히든
14	이슬	이슬, 이슬방울	명	dew [dju:] 듀-
15	먹고	먹다, 섭취하다	동	eat [i:t] 이-잇

16	**피** 어난	피어난, 자라난, 성장한	형	**grown** [groun] 그로운
17	**네** 잎	네 잎, 네 개의 잎		**four leaves** 뽀 리-브즈
18	**클** 로버	클로버	명	**clover** [klóuvər] 클로우버
19	**랄** 랄라	알갱이, 알곡, 낟알	명	**grain** [grein] 그레인
20	**한** 잎	한 잎		**one leaf** 완 리-쁘

21	랄 랄라	알갱이, 알곡, 낟알	명	grain [grein] 그레인
22	두 잎	두 잎		two leaves 투- 리-브즈
23	랄 랄라	알갱이, 알곡, 낟알	명	grain [grein] 그레인
24	세 잎	세 잎		three leaves 뜨리- 리-브즈
25	랄 랄라	알갱이, 알곡, 낟알	명	grain [grein] 그레인

26	**네** 잎	네 잎		**four leaves** 뽀 리-브즈
27	**행** 운을	행운		**good luck** 굿 럭
28	**가** 져다 준다는	가져다주다	동	**bring** [briŋ] 브링
29	**수** 줍은	수줍은, 부끄럼타는	형	**shy** [ʃai] 샤이
30	**얼** 굴의	얼굴, 얼굴모습, 안색	명	**face** [feis] 뻬이스

번호	첫말	뜻	품사	영단어
31	**미** 소	미소, 웃음 ; 웃음 짓다	명 동	**smile** [smail] 스마일
32	**한** 줄기의	한줄기 광선, 빛, 서광	명	**ray** [rei] 레이
33	**따** 스한	따스한, 따뜻한, 온난한	형	**warm** [wɔːrm] 워-엄
34	**햇** 살	햇살, 햇빛, 일광	명	**sunlight** [sʌ́nlàit] 썬라잇
35	**받** 으며	받다, 수령하다	동	**receive** [risíːv] 리시-브

36	**희** 망으로	희망, 개대, 가망	명	**hope** [houp] 호읍
37	**가** 득한	가득한, 가득 찬	형	**full** [ful] 뿔
38	**나** 의 친구야	나의 친구		**my friend** 마이 쁘렌드
39	**빛** 처럼	빛, 광선, 밝음	명	**light** [lait] 라잇
40	**밝** 은	밝은, 빛나는, 화창한	형	**bright** [brait] 브라잇

41	마음으로	마음, 정신	ⓜ명	mind [maind] 마인드
42	너를	너, 당신	ⓓ대	you [juː] 유-
43	닮고 싶어	닮다, 공통점이 있다	ⓓ동	resemble [rizémb-əl] 리젬블

21 어린이날 노래

날아라 새들아
푸른 하늘을
달려라 냇물아
푸른 들판을
오월은 푸르구나
우리들은 자란다
오늘은 어린이날
우리들 세상

1	**날**아라	날다, 비행하다, 뜨다	동	**fly** [flai] 쁠라이
2	**새**들아	새	명	**bird** [bəːrd] 버-드
3	**푸**른	푸른, 하늘빛의	형	**blue** [bluː] 블루-
4	**하**늘을	하늘, 천국, 날씨	명	**sky** [skai] 스까이
5	**달**려라	달리다, 뛰다	동	**run** [rʌn] 런

6	**냇** 물아	냇물		**stream water** 스뜨림 워러
7	**푸** 른	푸른, 하늘빛의	㉻	**blue** [blu:] 블루-
8	**들** 판을	들판, 벌판, 목초지	㉹	**field** [fi:ld] 삐 -일드
9	**오** 월은	오월	㉹	**May** [mei] 메이
10	**푸** 르구나	푸른, 하늘빛의	㉻	**blue** [blu:] 블루-

11	**우**리들은	우리들은, 우리가	㊥	**we** [wiː] 위-
12	**자**란다	자라다, 성장하다	㊔	**grow** [grou] 그로우
13	**오**늘은	오늘, 현재	㊕	**today** [tədéi] 터데이
14	**어**린이날	어린이날		**Children's Day** 칠드런즈 데이
15	**우**리들 세상	우리들 세상, 우리들의 날		**our day** 아우어 데이

22 도레미 송

도는 하얀 도화지
레는 새콤한 레몬
미는 미끌 미끄럼
파는 예쁜 파랑새
솔은 솔솔 솔바람
라는 라일락 향기
시는 졸졸 시냇물
다시 처음부터
도오오오

1	도는	도둑, 약탈자, 강도	명	robber [rɑ́bəːr] 라버-
2	하얀	하얀, 흰, 백색의	형	white [hwait] 와이트
3	도화지	도화지		drawing paper 드로-잉 페이퍼
4	레는	레인코트, 비옷	명	raincoat [réinkòut] 레인코웃
5	새콤한	새콤한, 신, 시큼한	형	sour [sáuəːr] 싸우어-

6	레몬	레몬, 레몬 빛	명	lemon [lémən] 레먼
7	미는	미스터, 씨, 선생, 님	명	Mister [místəːr] 미스터−
8	미끌 미끄럼	미끄러지다, 미끄러 넘어지다	동	slip [slip] 슬립
9	파는	파도, 물결, 파문	명	wave [weiv] 웨이브
10	예쁜	예쁜, 귀여운	형	pretty [príti] 프리디

11	파 랑새	파랑새		blue bird 블루 버-드
12	솔 은	솔트, 소금, 식염	명	salt [sɔːlt] 쏘-올트
13	솔 솔	솔솔, 부드럽게, 상냥하게	부	softly [sɔ́(ː)ftli] 쏘-쁘를리
14	솔 바람	솔바람, 산들바람, 미풍	명	breeze [briːz] 브리-즈
15	라 는	라인, 선, 줄	명	line [lain] 라인

16	라 일락	라일락	명	lilac [láilək] 라일럭
17	향 기	향기, 향수, 향료	명	perfume [pə́:rfju:m] 퍼-퓨-움
18	시 는	시크릿, 비밀, 기밀	명	secret [sí:krit] 시-크릿
19	졸 졸	졸졸, 졸졸 흐르는 소리	명	babbling [bǽbliŋ] 배블링
20	시 냇물	시내, 개울	명	brook [bruk] 브룩

21	**다** 시	다시 만나! 또 만나! 안녕!		**See you again!** 시 유 어겐
22	**처** 음부터	처음, 시작	명	**beginning** [bigíniŋ] 비기닝
23	**도** 오오오	도브, 비둘기	명	**dove** [dʌv] 더브

23 고요한 밤 거룩한 밤

고요한 밤 거룩한 밤
어둠에 묻힌 밤
주의 부모 앉아서
감사 기도 드릴 때
아기 잘도 잔다
아기 잘도 잔다
고요한 밤 거룩한 밤
영광이 풀린 밤
천군 천사 나타나
기뻐 노래 불렀네
왕이 나셨도다
왕이 나셨도다

1	**고** 요한 밤	고요한 밤		slient night 사일런트 나잇
2	**거** 룩한 밤	거룩한 밤		holy night 호울리 나잇
3	**어** 둠에	어둠, 암흑, 검음, 무지	명	darkness [dá:rknis] 다-크니스
4	**묻** 힌 밤	묻힌 밤, 덥힌 밤		covered night 커버드 나잇
5	**주** 의	주, 하느님, 그리스도		the Lord 더 로오드

6	부모	부모님, 어버이, 양친	명	parent [pέərənt] 패런트
7	앉아서	앉다, 무릎 꿇고 앉다		kneel down 니일 다운
8	감사기도	감사기도		thankful prayer 땡크뻘 프레어
9	드릴 때	드리다, 제공하다, 제의하다	동	offer [ɔ́(:)fər] 오뻐
10	아기	아기, 아이, 어린이	명	child [tʃaild] 차일드

11	잘도 잔다	잘도 자다, 잘 자다		sleep well 슬립 웰
12	아기	아기, 아이, 어린이	ⓜ명	child [tʃaild] 차일드
13	잘도 잔다	잘도 자다, 잘 자다		sleep well 슬립 웰
14	고요한 밤	고요한 밤, 조용한 밤		silent night 사일런트 나잇
15	거룩한 밤	거룩한 밤		holy night 호울리 나잇

16	**영**광이	영광, 명예, 영예, 칭찬	㉔	**glory** [glɔ́ːri] 글로오리
17	**풀**린 밤	풀린 밤, 흐르는 밤		**streaming night** 스뜨리이밍 나잇
18	**천**군	천군, 수천 명의 군대		**thousands of troop** 따우즌즈 어브 트루웁
19	**천**사	천사, 수호신	㉔	**angel** [éindʒəl] 에인즐
20	**나**타나	나타나다, 출현하다, 보이다	㉟	**appear** [əpíər] 어피어

번호	가사	뜻	품사	영어
21	기뻐	기쁘게, 즐겁게	부	joyfully [dʒɔ́ifəli] 조이뻘리
22	노래 불렀네	노래 부르다		sing a song 싱 어 송
23	왕이 나셨도다	왕이 나셨다.		The savior is born. 더 세이벼 이즈 보온
24	왕이	왕, 구세주, 구주, 구조자	명	savior [séivjəːr] 세이벼
25	나셨도다	나다, 태어나다		be born 비 보온

24 우유 송 1절

콜라 싫어 싫어
홍차 싫어 싫어
새카만 커피 오 노
핫쵸코 싫어 싫어
사이다 싫어 싫어
새하얀 우유 오 예스
맛좋고 색깔 좋고
영양도 최고
깔끔한 내 입맛에
우유가 딱이야
단백질 칼슘도
왕비타민 가득
건강한 내 입맛에
우유가 딱이야
우유 좋아 우유 좋아
우유 주세요
우유 주세요 다 주세요
우유 좋아 우유 좋아
세상에서 제일 좋아
우유 없는 세상은
상상하기도 싫어 싫어
우유가 제일 좋아
우유만 줘

1	**콜**라 싫어 싫어	콜라는 싫어.	**I don't like Coke.** 아이 돈 라익 코욱
2	**홍**차 싫어 싫어	홍차 싫어.	**I don't like black tea.** 아이돈 라익 블랙 티
3	**새**카만 커피 오 노	새카만 커피 싫어.	**I don't like black coffee.** 아이 돈 라익 블랙 커삐
4	**핫**쵸코 싫어 싫어	핫초코 싫어.	**I don't like hot chocolate drink.** 아이 돈 라익 핫 초클릿 드링크
5	**사**이다 싫어 싫어	사이다 싫어.	**I don't like soda.** 아이 돈 라익 소우더

6	**새** 하얀 우유	새하얀 우유, 흰 우유		**white milk** 와이트 밀크
7	**오** 예스	오! 예스, 좋아		**Oh yes.** 오 예스
8	**맛** 좋고	맛좋은, 맛있는	ⓗ형	**delicious** [dilíʃəs] 딜리셔스
9	**색** 깔 좋고	색깔 좋은		**fine color** 빠인 컬러
10	**영** 양도	영양물, 영양소, 영양제	ⓜ명	**nutrient** [njú:triənt] 누트리언트

11	**최** 고	최고, 최상	형	**best** [best] 베스트
12	**깔** 끔한 내 입맛에	깔끔한 내 입맛, 담백한 내 입맛		**my simple appetite** 마이 심플 애퍼타잇
13	**우** 유가 딱이야	우유가 딱이야.		**Milk is perfect.** 밀크 이즈 퍼펙트
14	**단** 백질	단백질	명	**protein** [próuti:in] 프로티인
15	**칼** 슘도	칼슘	명	**calcium** [kǽlsiəm] 캘시엄

No.	노래 가사	뜻	품사	영어
16	**왕** 비타민 가득	비타민이 풍부한		rich in vitamin 리치 인 바이터민
17	**건** 강한	건강(상태), 건전	명	health [helθ] 헬뜨
18	**내** 입맛에	내 입맛, 나의 기호		my appetite 마이 애퍼타잇
19	**우** 유가 딱이야	우유가 딱이야, 우유가 완벽해		Milk is perfect. 밀크 이즈 퍼펙트
20	**우** 유 좋아	우유가 좋아.		I like milk. 아이 라익 밀크

21	우 유 좋아	우유가 좋아.	I like milk. 아이 라익 밀크
22	우 유 주세요	우유 주세요.	Give me milk. 기브 미 밀크
23	우 유 주세요	우유 주세요.	Give me milk. 기브 미 밀크
24	다 주세요	다 주세요.	Give me all. 기브 미 오올
25	우 유 좋아	우유가 좋아.	I like milk. 아이라익 밀크

26	우 유 좋아	우유가 좋아.		I like milk. 아이 라익 밀크
27	세 상에서	세상에서		in the world 인 더 워얼드
28	제 일 좋아	제일 좋아		I like milk most. 아이 라익 밀크 모스트
29	우 유 없는 세상	우유 없는 세상		the world without milk 더 월드 위다웃 밀크
30	상 상하기도	상상하다, 가정하다	동	imagine [imǽdʒin] 이매진

31	싫어 싫어	싫어하다, 미워하다	동	hate [heit] 헤잇
32	우유가 제일 좋아	우유가 제일 좋아.		I like milk most. 아이 라익 밀크 모우스트
33	우유만 주세요	우유만 주세요.		Give me only milk. 기브 미 오운리 밀크

25 우유 송 2절

공부하다 한 잔
게임하다 한 잔
항상 내 곁에 오 우유
우유는 우유병에
먹어야 제 맛
신선한 우유만이
진짜 우유야
우유 먹고 튼튼해져
얼른 자라서
새나라 새일꾼이
되 볼랍니다

1	**공**부하다	공부하다 ; 공부	**study** [stʌ́di] 스떠디
2	**한**잔	한 잔의 우유, 우유 한잔	**a glass of milk** 어 글래스 어브 밀크
3	**게**임하다	게임하다	**play game** 플레이 게임
4	**한**잔	한 잔의 우유, 우유 한 잔	**a glass of milk** 어 글래스 어브 밀크
5	**항**상	항상, 늘, 언제나	**always** [ɔ́:lweiz] 오올웨이즈

6	내 곁에	내 곁에, 나의 곁에	beside me 비사이드 미
7	오, 우유	오, 밀크	Oh, milk! 오우, 밀크
8	우유는	우유	milk [milk] 밀크
9	우유병에	우유병	milk bottle 우유병
10	먹어야	먹다, 마시다	drink [driŋk] 드링크

11	**제** 맛	제 맛, 진짜 맛	**real taste** 리얼 테이스트
12	**신** 선한 우유만이	신선한 우유	**fresh milk** 쁘레쉬 밀크
13	**진** 짜 우유야	진짜 우유	**real milk** 리얼 밀크
14	**우** 유 먹고	우유를 마시다	**drink milk** 드링크 밀크
15	**튼** 튼해져	튼튼한, 강한	**strong** [strɔ(:)ŋ] 스뜨로옹

16	얼른 자라서	얼른 자라다, 빨리 자라다	grow fast 그로우 빼스트
17	새나라	새나라	new land 뉴우 랜드
18	새 일꾼이	새 일꾼	new worker 뉴우 워어커
19	되 볼랍니다	되다, 되고 싶다	wish to be ~ 위시 투 비

속 담 마차를 말 앞에 대지마라.

1	마 차를	마차, 탈것	ⓜ명	cart [kɑːrt] 카아트
2	말 앞에	말 앞, 말의 앞쪽		before the horse 비뽀 더 호오스
3	대 지마라	대다, 놓다, 두다	동	put [put] 풋

26 건너가는 길

건너가는 길 건널 때
빨간불 안돼요
노란불 안돼요
초록불 돼야죠
신호등이 없는
길에선 달려도 안돼요
뛰어도 안돼요
손을 들고 가야죠

건너가는 길 건널 때
빨간불 안돼요
노란불 안돼요
초록불 돼야죠
신호등이 없는
길에선 달려도 안돼요
뛰어도 안돼요
손을 들고 가야죠

1	건 너가는 길	건너가는 길, 건널목	a road crossing 어 로우드 크로싱
2	건 널 때	(도로를) 건널 때	when we cross a road. 웬 위 크로스 어 로우드
3	빨 간불 안돼요	빨간불 안돼요.	No, not at red light. 노, 낫 앳 레드 라잇
4	노 란불 안돼요	노란불 안돼요.	No, not at yellow light. 노, 낫 앳 옐로우 라잇
5	초 록불 돼야죠	초록불 돼요.	Yes! go at green light. 예스, 고우 앳 그린 라잇

6	신호등이 없는	신호등 없음,		no signal light 노 시그늘 라잇
7	길에선	길, 도로	명	road [roud] 로우드
8	달려도 안돼요	달리면 안돼요.		Don't run! 도온 런
9	뛰어도 안돼요	뛰면 안돼요.		Don't dash. 도온 대시
10	손을 들고 가야죠	손을 들고 건너요.		Go across with hands up. 고우 어크로스 위드 핸즈 업

11	**건**너가는 길 건널 때	건널목 건널 때	When you go across a road crossing 웬 유 고우 어크로스 어 로우드 커로싱
12	**빨**간불 안돼요	빨간불 안돼요.	No, not at red light. 노우, 낫 앳 레드 라잇
13	**노**란불 안돼요	노란불 안돼요.	No, not at yellow light. 노우, 낫 앳 옐로우 라잇
14	**초**록불 돼야죠	초록불 돼요.	Yes, go at green light. 예스, 고우 앳 그린 라잇
15	**신**호등이 없는	신호등 없음	no signal light 노 시그늘 라잇

16	**길**에선	길에서, 도로에서	**on the lane** 온 더 레인
17	**달**려도 안돼요	달리면 안돼요.	**Don't run!** 도온 런
18	**뛰**어도 안돼요	뛰면 안돼요.	**Don't dash!** 도온 대시
19	**손**을 들고 가야죠	손을 들고 건너세요.	**Cross with hands up.** 크로스 위드 핸즈 업

속 담 아니 땐 굴뚝에 연기나랴.

1	아 니 땐	아니 땐, 불이 없는		without fire 위다웃 빠이어
2	굴 뚝에	굴뚝	명	chimney [tʃímni] 침니
3	연 기나랴	연기, 매연 ; 연기를 내다	명 동	smoke [smouk] 스모욱

27 매미 1절

숲속의 매미가
노래를 하면
파란 저 하늘이
더 파래지고
과수밭 열매가
절로 익는다
과수밭 열매가
절로 익는다

1	**숲** 속의	숲, 산림, 삼림	명	**forest** [fɔ́(:)rist] 뽀리스트
2	**매** 미가	매미	명	**cicada** [sikéidə] 시케이더
3	**노** 래를 하면	노래하다, 노래부르다		**sing a song** 싱 어 송
4	**파** 란 저 하늘이	파란 저 하늘		**that blue sky** 댓 블루 스까이
5	**더** 파래지고	(점점) 더 파래지다		**It's getting bluer.** 이쯔 게딩 블루어

6	과수밭	과수밭, 과수원	명	orchard [ɔ́:rtʃərd] 오처드
7	열매가	열매, 과일, 수확물	명	fruit [fru:t] 쁘루웃
8	절로	절로, 저절로, 자연스럽게	부	naturally [nǽtʃərəli] 내처럴리
9	익는다	(과일이) 익다.		Fruits ripe. 뿌루츠 라잎
10	과수밭	과수밭, 과수원	명	orchard [ɔ́:rtʃərd] 오처드

11	**열** 매가	열매, 과일	명	**fruit** [fru:t] 쁘루웃
12	**절** 로	절로, 저절로, 자연스럽게	부	**naturally** [nǽtʃərəli] 내처럴리
13	**익** 는다	(과일이) 익는다, 익어간다.		**Fruits get ripe.** 쁘루츠 겟 라잎

28 매미 2절

숲속의 매미가
노래를 하면
찬이슬 아침마다
흠뻑 내리고
가을이 저만큼
다가온다죠
가을이 저만큼
다가온다죠

1	숲 속의	숲, 산림, 삼림	명	woods [wudz] 우즈
2	매 미가	매미	명	cicada [sikéidə] 시케이더
3	노 래를 하면	노래를 하다		sing a song 싱 어 송
4	찬 이슬	찬이슬, 차가운 이슬		cold dew 코울드 듀
5	아 침마다	아침마다, 매일아침		every morning 에브리 모닝

6	**흠**뻑 내리고	흠뻑 내리다, 많이 내리다		pour down 포오 다운
7	**가**을이	가을	명	autumn [ɔ́:təm] 오오텀
8	**저**만큼	저만큼, 이내, 곧, 성큼		so much / shortly 소우 머치, 쇼를리
9	**다**가온다죠	다가오다		come up 컴 업
10	**가**을이	가을	명	autumn [ɔ́:təm] 오오텀

11	저 만큼	저만큼, 이내, 성큼, 가까이	so much / nearly / closely 소우 머치, 니일리, 클로즐리
12	다 가온다죠	다가오다	come up 컴 업

29 들꽃 이야기

깊은 산속에 들꽃 한송이
바람타고 날아와
외롭게 피었죠
아기 다람쥐 살짝 다가와
작은 꽃잎 흔들면서
인사하네요
햇살내린 어느 날
노랑나비 한 마리
하늘하늘 날아와서

저 산너머 꽃동산에
그리운 엄마소식
전해주고 가네요
예쁜 바람아
살랑살랑 불어와
나의 향기 엄마 곁에
전하여 주렴

1	깊은 산 속에	깊은 산 속에		deep in the woods 디입 인 더 우즈
2	들꽃 한송이	들꽃 한 송이		a wild flower 어 와일드 쁠라워
3	바람타고	바람타고, 바람과 함께		with wind 위드 윈드
4	날아와	날아오다, 가까이 날아오다		fly closely 쁠라이 클로즐리
5	외롭게	외로운, 고독한, 쓸쓸한	형	lonely [lóunli] 로운리

6	피었죠	피다, 만발하다		bloom [blu:m] 블루-움
7	아기 다람쥐	아기 다람쥐		baby squirrel 베이비 스쿼를
8	살짝	살짝, 몰래	부	secretly [sí:kritli] 시크리틀리
9	다가와	다가오다		come up 컴 업
10	작은 꽃잎	작은 꽃잎		small petal 스몰 페들

11	**흔** 들면서	흔들다, 움직이다, 흔들리다	ⓓ동	**sway** [swei] 스웨이
12	**인** 사하네요	인사하다	동	**greet** 그리잇
13	**햇** 살내린	햇살, 광선, 일광	명	**sunbeam** [sʌ́nbìːm] 선비임
14	**어** 느 날	어느 날, 언젠가		**one day** 원 데이
15	**노** 랑나비 한 마리	노랑 나비		**yellow butterfly** 옐로우 버러뻘라이

16	**하**늘하늘 날아와서	날아오다, 살며시 날아오다		**fly lightly** 쁠라이 라이틀리
17	**저** 산너머	저 산 너머		**beyond that mountain** 버안드 댓 마운틴
18	**꽃**동산에	꽃동산		**flowery hill** 쁠라워리 힐
19	**그**리운	그리운, 사랑스런, 사랑하는	형	**beloved** [bilʌ́vid] 빌러비드
20	**엄**마소식	엄마소식		**mother's news** 마더즈 뉴스

21	**전** 해주고	전해주다, 전달하다	동	**deliver** [dilívər] 딜리버
22	**가** 네요	가다, 사라지다	동	**disappear** [dìsəpíər] 디스피어
23	**예** 쁜 바람아	예쁜 바람, 달콤한 바람		**sweet wind** 스윗 윈드
24	**살** 랑살랑	살랑살랑, 부드럽게	부	**softly** [sɔ́(:)ftli] 소쁘들리
25	**불** 어와	불다	동	**blow** [blou] 블로우

26	나의 향기	나의 향기, 내 향기		my perfume 마이 퍼퓨움
27	엄마 곁에	엄마 곁에		by my mother 바이 마이 마더
28	전하여 주렴	전하다, 전달하다	ⓢ동	deliver [dilívər] 딜리버

속담 엎질러진 물은 다시 담을 수 없다.

1	엎 질러진	엎지르다, 쏟다, 흘리다, 흩뜨리다	동	spill [spil] 스삘
2	물 은	물	명	water [wɔ́:tə:r] 워어러
3	다 시	다시, 한 번 더		once again 완스 어겐
4	담 을 수 없다	담다, 담고 있다, 포함하다	동	contain [kəntéin] 컨테인

30 누가 누가 잠자나 1절

넓고 넓은
밤하늘에
누가 누가
잠자나
하늘나라
아기별이
깜빡깜빡
잠자요

1	넓고 넓은	넓고 넓은		wide and wide 와이드 앤 와이드
2	밤하늘에	밤하늘		night sky 나잇 스까이
3	누가 누가 잠자나	누가 잠자고 있니?		Who is sleeping? 후 이즈 슬리핑
4	하늘나라	하늘나라, 하늘, 천국	명	heaven [hévən] 헤번
5	아기별이	아기 별		baby star 베이비 스따

6 **깜빡깜빡 잠자요** 깜빡깜빡 졸다, 꾸벅꾸벅 졸다 ⓢ동

doze
[douz]
도우즈

속 담 자선은 가정에서 시작 된다.

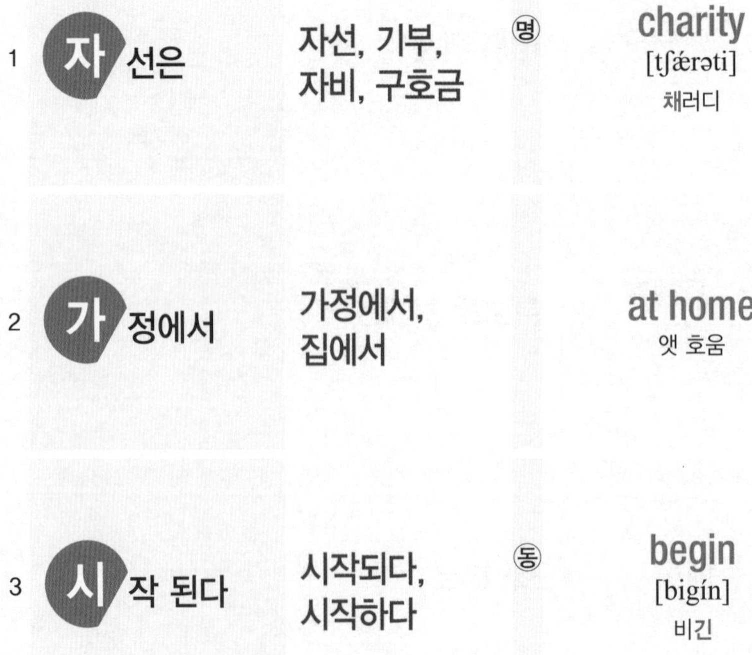

1	자 선은	자선, 기부, 자비, 구호금	명	charity [tʃǽrəti] 채러디
2	가 정에서	가정에서, 집에서		at home 앳 호움
3	시 작 된다	시작되다, 시작하다	동	begin [bigín] 비긴

31 누가 누가 잠자나 2절

깊고 깊은
숲속에선
누가 누가
잠자나
산새들이
모여앉아
꼬박꼬박
잠자요

1	**깊**고 깊은	깊고 깊은		**deep and deed** 디입 앤 디입
2	**숲** 속에선	숲	㊔	**forest** [fɔ́(:)rist] 뽀리스트
3	**누**가 누가 잠자나	누가 잠자고 있니?		**Who is sleeping?** 후 이즈 슬리핑
4	**산** 새들이	산새들		**mountain birds** 마운틴 버즈
5	**모** 여앉아	모이다, 모여들다, 모으다	㊍	**gather** [gǽðə*r*] 개더

6	꼬박꼬박 잠자요	꼬박꼬박 잠자다, 꾸벅꾸벅 졸다	ⓢ동	doze [douz] 도우즈

속담 사람을 겉만 보고 판단하지마라.

1	사람을	사람, 인간, 인물	명	person [pə́ːrsən] 퍼어슨
2	겉만	겉보기, 외관, 생김새	명	appearance [əpíərəns] 어피런스
3	보고	보다, 얼핏 보다, 언뜻 보다	동	glance [glæns] 글랜스
4	판단하지 마라	판단하다, 평가하다, 비판하다	동	judge [dʒʌdʒ] 저지

32 누가 누가 잠자나 3절

포근 포근
엄마 품엔
누가 누가
잠자나
우리아기
예쁜 아기
새끈새끈
잠자요

1	포 근포근	포근한, 안락한, 편안한	형	comfortable [kʌ́mfərtəbəl] 컴뻐터블
2	엄 마품엔	엄마 품, 엄마 품속		mother's arms 마더즈 아암즈
3	누 가 누가 잠자나	누가 잠자고 있니?		Who is sleeping? 후 이즈 슬리핑
4	우 리아기	우리아기, 우리아이		my baby 마이 베이비
5	예 쁜 아기	예쁜 아기		cute baby 큐웃 베이비

6  끈새끈 잠자요	새끈새끈 잠자다, 조용히 잠자다	**sleep calmly** 슬립 캄리

속 담 피는 물보다 진하다.

1	**피**는	피, 혈액, 생명	명	**blood** [blʌd] 블러드
2	**물**보다	물	명	**water** [wɔ́:tə:*r*] 워어러
3	**진**하다	진한, 걸쭉한, 짙은, 두꺼운, 빽빽한	형	**thick** [θik] 띡

33 들장미 소녀 캔디

외로워도 슬퍼도
나는 안 울어
참고 참고 또 참지
울긴 왜 울어
웃으면서 달려보자 푸른 들을
푸른 하늘 바라보며 노래하자
내 이름은 내 이름은
내 이름은 캔디
나 혼자 있으면
어쩐지 쓸쓸해지지만
그럴 땐 얘기를 나누자
거울 속의 나하고
웃어라 웃어라
웃어라 캔디야
울면은 바보
캔디 캔디야

1	**외**로워도	외로워도	**Though I feel lonely** 도우 아이 삐일 로운리
2	**슬**퍼도	슬퍼도	**Though I feel sorrowful** 도우 아이 삐일 소로뻘
3	**나**는 안 울어	난 안울어.	**I won't cry.** 아이 오온트 크라이
4	**참**고 참고 또 참지	참을 거야. 이겨낼 거야.	**I will put up with it.** 아이 윌 푸 답 위드 잇
5	**울**긴 왜 울어	울긴 왜 울어?	**Why should I cry?** 와이 슈드 아이 크라이

6	 웃 으면서 달려보자	웃으면서 달려보자.	**Let's go running with a smile.** 레스 고우 러닝 위더 스마일
7	푸 른 들을	푸른 들	**green field** 그리인 삐일드
8	푸 른 하늘 바라보며	푸른 하늘을 바라보자.	**Look at the blue sky.** 룩 앳 더 블루 스까이
9	노 래하자	노래하자.	**Let's sing along.** 레스 싱 얼로옹
10	내 이름은	내 이름, 나의 이름	**my name** 마이 네임

11	**내** 이름은	내 이름, 나의 이름	**my name** 마이 네임
12	**내** 이름은 캔디	내 이름은 캔디야. 난 캔디잖아.	**My name is Candy.** 마이 네임 이즈 캔디
13	**나** 혼자 있으면	나 혼자 있으면	**When I am alone** 웬 아이 엠 얼로운
14	**어** 쩐지	어쩐지, 무슨 이유인지	**for some reason** 뽀 썸 리이즌
15	**쓸** 쓸해 지지만	쓸쓸해지다.	**I get lonely.** 아이 겟 로운리

16 **그**럴 땐	그럴 땐, 그 땐	**at that moment** 앳 댓 모우먼트
17 **얘**기를 나누자	얘기를 나누자, 대화하자.	**Let's talk.** 레스 토크
18 **거**울속의 나하고	거울 속의 나자신	**myself in the mirror** 마이셀쁘 인 더 미러
19 **웃**어라	웃어라, 웃자	**Let's smile.** 레스 스마일
20 **웃**어라	웃어라, 웃자.	**Let's smile.** 레스 스마일

21	웃어라 캔디야	웃어라, 캔디.	**Let's smile, Candy.** 레스 스마일 캔디
22	울면은	울면은, 울 때	**when you cry** 웬 유 크라이
23	바보 캔디 캔디야	(넌) 바보, 캔디.	**You are a fool, Candy.** 유 아 러 뿌울, 캔디

34 수박파티

커다란
수박 하나
잘 익었나
통통통
단숨에 쪼개니
속이 보이네
몇 번 더
쪼갠 후에
너도 나도 들고서
우리 모두
하모니카
신나게 불어요

1	**커**다란 수박 하나	커다란 수박 하나		**a big watermelon** 어 빅 워러멜런
2	**잘** 익었나	잘익은		**ripe well** 라잎 웰
3	**통**통통	통통두드리다	㊍	**tap tap tap** 탭 탭 탭
4	**단**숨에	단숨에, 한번에		**at a breath** 애 러 브레뜨
5	**쪼**개니	쪼개다, 찢다, 분할하다	㊍	**split** [split] 스쁠릿

6	**속** 이	안, 안쪽, 내부	ⓜ명	**inside** [ìnsáid] 인사이드
7	**보** 이네	보이다, 나타나다, 나오다		**turn up / show up** 터언 업 / 쇼우 업
8	**몇** 번 더	몇 번, 여러번		**several times** 세브럴 타임즈
9	**쪼** 갠 후에	쪼개다, 찢다, 분할하다	동	**split** [split] 스쁠릿
10	**너** 도 나도	너도나도, 우리모두		**all of us** 오올 어브 어스

11	**들**고서	들다, 집어들다	**hold up** 호울드 업
12	**우**리모두	우리모두, 모두다, 누구나	**all of us** 오올 어브 어스
13	**하**모니카 신나게 불어요	하모니카를 신나게 불다	**play the harmonica merrily** 플레이 더 하-마니커 메릴리

35 아름다운 세상 1절

문득 외롭다 느낄 때
하늘을 봐요
같은 태양아래 있어요
우린 하나예요
마주치는 눈빛으로
만들어가요
나즈막히 함께 불러요
사랑의 노래를
작은 가슴 가슴마다
고운 사랑 모아
우리함께
만들어가요
아름다운 세상

1	문득	문득, 갑자기	부 suddenly [sʌ́dnli] 서든리
2	외롭다 느낄 때	외로울 때	when you feel lonely 웬 유 삐일 로운리
3	하늘을 봐요	하늘을 봐요.	Look at the sky. 룩 앳 더 스까이
4	같은 태양 아래 있어요	(우리는) 같은 태양아래 있어요.	We are under the same sun. 위 아 언더 더 세임 선
5	우린 하나예요	우리는 하나예요.	We are one. 위 아 원

6	마주치는 눈빛으로	마주치는 눈빛	meeting eyes 미딩 아이즈
7	만들어 가요	만들어가요.	Let's make it work. 레쓰 메이크 잇 워억
8	나즈막히	나즈막히, 낮은 목소리로	in a low voice 인 어 로우 보이스
9	함께 불러요	함께 불러요, 함께 노래해요.	Let's sing a song together. 레쓰 싱 어 송 터게러
10	사랑의 노래를	사랑의 노래	love song 러브 송

No.	가사	뜻	영어
11	작은 가슴	작은 가슴, 작은 마음	**small heart** 스몰 하아트
12	가슴마다	모든 가슴마다, 모든 마음마다	**every small heart** 에브리 스몰 하아트
13	고운사랑	고운 사랑, 달콤한 사랑	**sweet love** 스위잇 러브
14	모아	모으다 ⓓ동	**gather** [gǽðər] 개러
15	우리함께 만들어가요	우리 함께 만들어 가요	**Let's make it out together.** 레쓰 메이크 이 다웃 터게러

16 아름다운 세상 **beautiful world** 뷰리뻘 워얼드

속 담 나쁜 소식 빨리 퍼진다.

1	 나쁜 소식	나쁜 소식, 안 좋은 소식		**bad news** 배드 뉴우스
2	 빨리	빨리, 빠르게, 급히, 곧	㊫	**quickly** [kwíkli] 퀵클리
3	퍼진다	퍼지다, 퍼뜨리다, 멀리 미치다	㊮	**spread** [spred] 스쁘레드

36 아름다운 세상 2절

혼자선 이룰 수 없죠
세상 무엇도
마주잡은 두 손으로
사랑을 키워요
함께 있기에 아름다운
안개꽃처럼
서로를 곱게 감싸줘요
모두 여기 모여
작은 가슴 가슴마다
고운 사랑 모아
우리함께 만들어가요
아름다운 세상

1	**혼** 자선	혼자서, 혼자 힘으로	**by oneself** 바이 원셀쁘
2	**이** 룰 수 없죠	이루다, 성취하다	ⓢ **achieve** [ətʃíːv] 어치이브
3	**세** 상 무엇도	세상의 어떤 것도	**anything in the world** 에니띵 인 더 워얼드
4	**마** 주잡은 두손으로	서로 마주 잡은 손	**hand in hand together** 핸 인 핸 터게러
5	**사** 랑을 키워요	사랑을 키워요.	**Let's keep our love growing.** 레쓰 키입 아워 러브 그로우잉

6	함께 있기에	함께 있을 때, 함께 나눌 때		when we share 웬 위 쉐어
7	아름다운 안개꽃처럼	아름다운 안개꽃		beautiful foggy flower 뷰리뻘 뽀기 쁠라워
8	서로를	서로		each other 이치 아더
9	곱게	곱게, 사랑스럽게, 온화하게	부	gently [dʒéntli] 젠뜰리
10	감싸줘요	감싸다, 보호하다	동	protect [prətékt] 프러텍

11	모두	모두, 모두다, 누구나 ㊖	everybody [évribàdi] 에브리바디
12	여기 모여	여기 모이다	gather here 개러 히어
13	작은 가슴	작은 가슴, 작은 마음	small heart 스몰 하아트
14	가슴마다	모든 가슴, 모든 마음	every heart 에브리 하아트
15	고운 사랑 모아	고운 사랑, 달콤한 사랑	sweet love 스윗 러브

16	 우리 함께 만들어 가요	우리함께 만들어가요.	Let's make it together. 레쓰 메이크 잇 터게러
17	아름다운 세상	아름다운 세상	beautiful world 뷰디뻘 워얼드

국립중앙도서관 출판예정도서목록(CIP)

첫말잇기 : 유치·초등 저학년 영단어 : 선행학습겸용 / 저
자: 박남규. -- 서울 : 유빅토리, 2016
p. ; cm

표제관련정보: 노래따라 단어암기·초단기 완성
본문은 한국어, 영어가 혼합수록됨
ISBN 979-11-956951-1-9 63740 : ₩12500

영어 단어[英語單語]

744-KDC6 CIP2015035384